ブランディングでキャリアアップ！———————

パーソナルキャリアブランディングの考え方・作り方

伊藤 裕一

産業能率大学出版部刊

はじめに

　本書は、自分自身の未来へと繋がるライフストーリーをキャリア視点で
ブランド化して、そのブランドメッセージをオン / オフラインでの様々な
出会いで発信をすることでキャリアアップに繋げるためのガイドブックで
す。その考え方や手法は企業ブランディングにおける長年の実務経験と研
究者としての知識を融合したものですが、更に、ナラティブのキャリアカ
ウンセリングの手法や専門家からのアドバイスを組み合わせることで、
パーソナルキャリアブランディングという新たなブランディング手法を提
案しています。

　個人的な話ですが、比較的起伏に富んだキャリアの道を何十年も歩き続
けてきました。今、ふと振り返ってみると結局キャリアの歩みは人々との
出会いによって彩られるという気がします。必ずしも虹色の出会いばかり
ではありませんでしたが、「現在」という視点で思い返すと何一つ無駄な出
会いは無かったという気になります。また同時にもっと丁寧に対応すべき
だったと思う場面も思い起こされます。特に、ないがしろにしたというわ
けではありませんが、何か、充分に自分自身を伝えられなかったとか、逆
に飾り過ぎたということかもしれません。キャリアは、本来未来に向かっ
て進んでいくもので、その未来は出会いの連鎖の軌跡の上に存在しますか
ら、可能であれば一つ一つの出会いに後悔はしたくはないものです。

　しかしながら、これは自分自身の思い描く未来への軌跡は単に出会いの
連鎖という流れに身を任せていれば見えてくる、という意味ではありませ
ん。特に我々を取り囲む様々な環境変化が、我々のキャパシティーを遥か
に超えて進行している時代ではなお更のことです。2010 年代の初頭か
ら、一般的に流行り始めた元々は軍事用語だった VUCA といアクロニム
をご存じの方も多いと思います。このアクロニムをそのまま単純に訳せ

ば、（当時）これからの社会経済環境は、移ろいやすく、不確かで、複雑で、曖昧になるだろう、と予測されたわけですが、10年以上たった現在、それがどこかに収斂して落ち着くどころか、ますますサイクルが短期化し拡散している印象を受けます。単純に解釈すれば、（未来をどの程度のスパンで見るかにもよるでしょうが、）我々の未来を見通すことは、ほぼ不可能に近いということになるかもしれません。とはいえ、こうした社会経済環境にいるからといって捨て鉢になったり、流されるままにしているわけにも行かず、周囲の状況がどうであれ自分のキャリアは自分で切り開いていく必要があるということには変わりはないでしょう。

　では、こうした環境下でもプロアクティブにキャリアを推し進めていくにはどうしたらよいでしょうか？一つの考え方としては、柔軟性のある期間設定で流されることのない自分の未来の姿を描き、それに向かって歩み続けることでしょう。つまり、自分自身のライフストーリーが導く自分だけの未来の姿を明瞭に設定して、そこに到達するプロセスを確実に歩んでいくことで、一貫性のあるキャリアを築くということです。周囲の急激で方向性の見えない変化に右往左往するのではなく、現在の自分という確固たる現実を中継点として、自分の歩んできたユニークで揺るぎのない過去のストーリーを内省し、自分自身の手の届く範囲で未来へと拡張することで、自分自身のキャリアに個性と一貫性、そして制御可能なチャレンジを付け加えていくということです。そして、まさに本書でパーソナルキャリブランドを開発し運用していくという意義がそこにあります。自分だけのユニークなブランドとして、自分がオーナーである未来に向かう個性的なライフストーリーを描き歩むことができれば、そこに一貫した自分の姿を映し出すようなメッセージを込めることができ、そのブランドメッセージが個々の人との出会いに意味を作り出すことができるのではないでしょうか？

　つまり、一貫性のある自分の生き方や価値観、そしてそれを反映した

キャリアの方向性を凛とした姿で、自分自身のブランドメッセージとして語る（伝える）ことができれば、その様々な出会いが自分を未来へと導いてくれるように思います。もちろんその語りは自制の効いた範囲で行わなければ、相手を不愉快にするだけでしょう。売りたい一心の 15 秒の商品コマーシャルではなく、その会社の使命やビジョンが伝わってくるような企業コマーシャルに近いもので、TV 番組のスポンサー企業が流す 30 秒や 1 分間の企業コマーシャルのように、なんとなくジーンときて、その会社に好意を持ってしまうようなメッセージです。自分がオーナーであるブランドのブランドメッセージを、新しい出会いの最初の 1〜2 分のゴールデンタイムに、さりげなく伝えることができれば、きっと自分だけのユニークなキャリアが開けてくるでしょう。

　本書は 2 章構成で、第 1 章はパーソナルキャリアブランドを作成して、その対象者の心に植え付ける（構築）までのプロセスを解説します。第 2 章はパーソナルキャリアブランドのコンセプトや手法を開発するために、参考や準拠した発想、考え方そして理論を解説しています。最初に内容の柱となるパーソナルブランディングについて、次に手法としてのライフストーリーとナラティブ、そしてブランディングに関連するストーリーテリングについて解説をしています。最後に全体的な考え方の基本となっているブランド論の簡潔な系譜を紹介しています。第 1 章のリファレンスとしてだけでなく、ブランドに関するテーマについての基礎知識としても役立つように構成をしてあります。

　この「はじめに」のクロージングとして、この場をお借りして本書の執筆に協力を頂いた、一般社団法人フォワード・ルッキングの理事の方々に謝辞を述べたいと思います。小板橋孝雄氏は、ご自身の 20 年来のナラティブワークショップであるキャリアラボの主催と運営、大学でのキャリア相談やレクチャー等の多忙の中でプロのキャリアコンサルタントの立場からのアドバイスや、プログラムのテストランを手助けして頂きました。

初代代表理事でカタナ・パフォーマンス・コンサルティング（株）社長の宮川雅明氏には、ライフストーリーについてのアイディア交換で貴重なアドバイスを頂戴しました。そしてブランディングのクリエイティブという視点で様々なアドバイスを頂いた、元グローバルな広告会社のクリエイティブディレクター、広告会社経営、大学教授を歴任された狐塚康己氏、以上のお三方です。有難うございました。

2024 年 1 月

伊藤　裕一

目　　次

第1章　パーソナルキャリアブランドの作成から構築まで　*1*

第2章　関連する理論的背景　　　　121

第1章

パーソナルキャリアブランドの
作成から構築まで

本章のあらすじ

　パーソナルキャリアブランドを作成する第１の狙いは、様々な機会を捉えて世界で唯一の自分ブランドのメッセージを発信することです。ジョブインタビューの冒頭で、業界のパーティーでの自己紹介で、MBA プログラム入学のための面接等で、自分自身のブランドについて、あたかも企業が１分間の TV コマーシャルを流すように、自分の氏名というブランドのメッセージをターゲットとなる人達に、強く・簡潔に・好ましく訴求することで、人々の重い心の扉を大きく開けるのです。

　これから、この本の中でそれを実現するパーソナルキャリアブランドの作成から構築までを紹介します。

　パーソナルキャリアブランドを構築するまでの一連の過程をパーソナルキャリブランディングと呼びます。見方を変えると、ブランドの構築はブランディングの結果ということになります。ところで、「ブランドを作成する」と「ブランドを構築する」との間には微妙な違いがあります。少なくとも本書で「ブランドを作成する」というのはブランドメッセージを作り上げるまでの作業です。そして、その作成したブランドメッセージを発信して対象者のマインドの中にブランドを位置付け、その後レビューをするまでを「ブランドを構築する」と言います。この作成から構築までの一連の過程をパーソナルキャリアブランディングと呼びます。

　では、まずパーソナルキャリアブランディング全体の流れをザッと見てみましょう。図表１の各項目の上にふってある数字の順番で説明をしていきます：

　①ブランドの中味を作るための素材を収集して、活用する素材を選定します。具体的には、「MY PPF シート」と命名した記入用紙を使って現在の視点で自分自身の過去を振り返り、未来を見据えることが

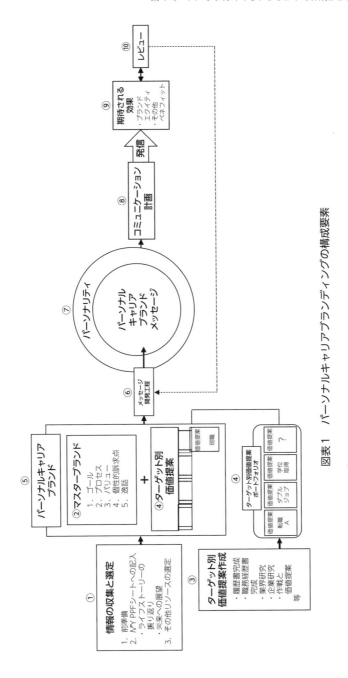

図表 1　パーソナルキャリアブランディングの構成要素案

中心の活動になります。PPFとは、<u>Past: 過去</u>、<u>Present: 現在</u>、<u>Future: 未来</u>のイニシャリズムです。

②次に、MY PPFシートに記入した内容等を利用して「マスターブランド」の中味を作成します。パーソナルキャリアブランドの本体になるブランドなのでマスターブランドと呼びます。このマスターブランドは、広いターゲットに向けて自分自身を訴求する柱となるブランドです。

③広いターゲット向けのマスターブランドに付け加えて特定のターゲットに自分自身を訴求するために「ターゲット別価値提案」を作成します。例えば、具体的な求人案件に応募をしたりダブルジョブに応募をしたりするために、その募集案件を満たすために自分自身が提供できる価値を提案する内容です。

④ターゲット別価値提案は、具体的な募集案件に遭遇してから準備をするのではなく、自分自身が狙っている案件に対するターゲット別価値提案を予め準備をしておきます。準備をした各ターゲット別価値提案はポートフォリオとして整理して備えておきます。

⑤パーソナルキャリアブランドは、マスターブランドとターゲット別価値提案を組み合わせて作成して活用します。マスターブランドはターゲットに関係なく一定ですから、パーソナルキャリアブランドの用途にかかわらず変更する必要はありません。用途とターゲットに応じて、予め準備をしたターゲット別価値提案を差し替えれば済むわけです。これによって、様々な用途やターゲットを狙うたびにブランド全体をゼロから作り変える必要がないように設計されています。

⑥②で作ったマスターブランドのメインストーリーを整理してマスターブランドのメッセージを作ります。また、パーソナルキャリアブランドの用途やターゲットが決定したら、マスターブランドとターゲット別価値提案を組み合わせて、パーソナルキャリアブランドのメッセー

4

ジを作成する工程に入ります。特に、求職活動等を実施していない場合は、ほぼマスターブランドメッセージになります。

⑦メッセージ開発工程は、パーソナリティを通ってパーソナルキャリアブランドメッセージへと進みます。この工程の中でマスターブランドメッセージとターゲット別価値提案に自分自身の性格的な特徴や自分らしい表現（パーソナリティ）を施してパーソナルキャリアブランドメッセージを完成させます。

⑧作成したブランドメッセージをターゲットとする人々に届けるためにメディアプランを作成してオンライン / オフラインでコミュニケーションを実施します。

⑨パーソナルキャリアブランドメッセージを発信した結果として様々な効果が期待されます。

⑩期待した効果が得られたかどうかをレビューして必要な改善等を施します。

以上がパーソナルキャリアブランディングの構成要素を説明する導入部分です。大体の流れが理解できたでしょうか？次に、①から⑩の要素の中で特に重要な①から⑤の要素について、もう少し詳しく説明をしたいと思います。導入部の説明と同様に図表 1 の各項目にふってある順番で説明します。

①情報の収集と選定

　導入部でパーソナルキャリアブランド作りは MY PPF シートを利用して、現在の視点で自分自身の過去を振り返り、未来に思いをはせるところから始めると述べました。その理由は、人のブランドを作ることの基本は、その人の「人生ストーリー」を語ることにあるからです。特に本書はキャリアという視点から人のブランドを作るので、その人の履歴や職務経歴の内容、キャリア上の成功物語、一貫して大切にしていることや情熱を持って取り組んでいることなどを現在の視点で振り返ることが重要です。

それに加えて、その視点を未来にまで拡張して人生ストーリーを描くための情報を収集して選定をしていきます。そこで、繰り返しになりますが、このプロセスを助けるために本書では MY PPF（過去、現在、未来）シートを用意してあり、それに記入をしていくことで目的を果たせるような工夫が施されています。なお、こうしたアプローチは特に創業者型の企業ブランドを開発するときにも活用されています。創業者型企業の場合は、創業者のライフストーリーの中に企業（経営）理念や哲学の源流をみることができます。

②マスターブランドの中味作り

　MY PPF シートに記入した内容等を利用して「マスターブランド」の中味を作成すると述べましたが、マスターブランドは３つの構成要素からなっています。１つ目の要素は「ゴール」で長期的なスパンで到達したい姿或いは、達成したいことです。かつては、長期的というと 10 年程度でしたが現在のような変化速度を考慮すると、おそらく 7 年前後ということになるでしょう。２つ目の要素は「プロセス」です。ゴールに到達するには様々なハードルが存在することが想定されますが、自分が持っているユニークなリソース（資源）を活用してハードルを越えてゴールに到達するためのシナリオです。３つ目の構成要素は「バリュー」で、自分自身が意思決定をしたり行動するときに大切にしている価値観です。具体的には、ハードルを越えるための活動をする際に自ら準拠することを課した行動規範です。この３つの要素の構成は、コンセプトとしては企業ブランドが反映している企業（経営）理念や哲学を構成する使命、ビジョン、バリュー（MVV）を参考にしたものです。但し、マスターブランドの中味を構成する「ゴール」、「プロセス」の内容と一般的な経営理念の「使命」、「ビジョン」、の内容とは全く別のものです。「バリュー」については、ほぼ同じ内容と考えて頂いてよいでしょう。

　これら３つの構成要素に加えて、マスターブランドに更に個性を演出したり他者との違いを明確にするための個性的訴求点を加えます。 また、マスターブランドが対象とするオーディエンス（受け手）は広範ですが、その広範なターゲットに対して漫然とメッセージを送るとオーディエンスの中にはメッセージに対する関連性を感じず、興味を持たれない可能性があります。そこで、プライマリー（第一の）ターゲットは広範に置くとして、セカンダリー（２番目）のターゲットとしてある程度ターゲットのプロフィールを想定して、彼らが自分の発信するメッセージとレレバンス（関連性）を感じ興味を持つような演出を施します。また、ターゲットオーディエンスからの興味を獲得、維持するために MY PPF から得られるストーリーの中から、ターゲットオーディエンスが興味を惹く小話のような逸話を抽出して準備をします。これらの要素を混合してマスターブランドの中味を作り出します。

③ターゲット別価値提案

　ターゲットを絞り切らない総合的なマスターブランドだけでは、募集要件が極めて明確で競争の激しい求人には対応しきれませんので、マスターブランドに付加をするターゲット別価値提案を作成します。自分自身の興味がある或いは狙っている企業やポジション等を想定して、それらに適合することができるエッジの立った価値提案を予め準備をするわけです。これで現在のような変化の早い社会経済環境の下で、極めて短期間に勝負が決するような求人案件にも、少しの修正（想定と実際との差を埋めるため）で迅速に対応することができるでしょう。

④ターゲット別価値提案ポートフォリオ

　予め準備をしたターゲット別価値提案群は漠然と保管されるのではなく、ポートフォリオ上に整理されることで自身が遭遇する可能性のある機

会に体系的に対応できるように管理されます。

⑤マスターブランド＋ターゲット別価値提案

　本書のパーソナルキャリアブランドの最大の特徴は、広いターゲットに対して総合的な自分の魅力を一貫して長い期間にわたって伝えることができる「マスターブランド」と、その時々の非常に的を絞ったターゲットからの要求事項にピッタリと適合して、自分自身を訴求できる「ターゲット別価値提案」を作成し、柔軟に調合して様々なキャリア機会に対応していけることです。

　以上、パーソナルキャリアブランドの全体像を①から⑩について導入部としての説明を、また、①から⑤に関しては更に少し肉付けをして２段階で説明をさせて頂きました。各節の説明に入る前に、あと２点だけ「本章のあらすじ」の中で予め解説をしたいと思います。１点目は「マスターブランドとターゲット別価値提案との関係性」についてで、マスターブランドとターゲット別価値提案の各々が持つ役割を一般のブランド理論に基づいて説明します。２点目は本書での重要なコンセプトであるマスターブランドについての補足説明です。創業者型企業の企業（経営）理念や経営哲学の考え方を参考にして説明をしています。どちらも第１章の各節をスムーズに理解する手助けになると思います。

マスターブランドとターゲット別価値提案の関係性

　ここでは、企業におけるブランドの運用と管理を例として説明を進めていきたいと思います。最初に、企業で扱うブランドは大きく２つの種類に分類できます。１つ目は、「マスターブランド或いはアンブレラブランド」と呼ばれる役割を果たすもので、実体としては企業ブランドそのものです。これは、企業が抱えている様々なサブブランドや製品群を傘下にまとめるという役割から、マスターブランド或いはアンブレラ（傘とな

る）ブランドと名付けられています。2 つ目は「プロダクト（サービス：以下あらすじでは省略します）ブランド」と呼ばれるもので、個々の製品ラインに個別に付けられたブランド或いはサブブランドです。殆どの企業が、このマスターブランドとプロダクトブランドを組み合わせて自社のブランド群や製品群を体系的に運用・管理をしています。この運用・管理の手法は大きく分けて次の 4 種類に分類することができます（アーカー（2005））：

①個別ブランド戦略

②エンドーサー戦略

③サブブランド戦略

④マスターブランド戦略

①の個別ブランド戦略は、マスターブランドを使用せず各製品ライン或いは製品カテゴリー別に付けられた、独立したプロダクトブランドで運用・管理する方法です。この戦略の代表格は P&G で各プロダクトのマーケティング活動に限ってはプロダクトの個別ブランドにフォーカスしていると思われます。

②のエンドーサー戦略は、主にプロダクトブランドを前面に押し出しますが、その保証人のような役割でマスターブランド（企業ブランド）も一緒に使用します。例えば、「プロダクトブランド名 by 企業ブランド名」のような扱いです。

③のサブブランド戦略では、プロダクトブランドをサブブランドとして位置付け、マスターブランドとペアを組んで使用します。プロダクトブランドはマスターブランドの「サブ」のブランドの役割を果たしているわけです。例えば、トヨタ・カローラというような扱いです。日本では非常にポピュラーな戦略です。

④のマスターブランド戦略は、①の個別ブランド戦略の対極に位置する戦略です。すなわち、各プロダクトは独立したブランドは持たず、マス

ターブランド＋製品名或いは製品ジャンルで各プロダクトを表現します。例えば、アイリスオーヤマでは、「アイリスオーヤマの充電式クリーナー」で製品を表します。

　各々の戦略は運用・管理上において一長一短がありますが、どれが優れていて、どれが劣っているかというものではなく、各企業の戦略で決定すればよいことです。重要な点は戦略に一貫性を持ち、明確な方針と基準で運用と管理を行うことです。なお、説明をしたブランド体系の運用・管理の手法はアーカー（2005）のブランド・ポートフォリオ戦略に準拠するものです。本文中でも再度説明をしますがご興味があれば是非、アーカー（2005）をご覧頂きたいと思います。

　さて、この「本章のあらすじ」という冒頭で、ブランド体系の話を取りあげたのは、本書のパーソナルキャリアブランドのコンセプトの最もユニークな特徴がここに存在するからで、最初に説明をしておいた方が後の内容が理解しやすいという判断からです。パーソナルブランドに関する文献が対象とするのは、目の前の就職や転職に活用することに焦点を絞った、自分自身の具体的な価値提案をベースにしたものが多いと思います。そういう意味では、どちらかというと上記で①の個別ブランド戦略に近いものだと思います。この手法も、もちろん有効で効果的だと思いますがキャリアを拡充していくという軸上では就職や転職だけでなく様々な転機があり、また、これらの転機は日頃遭遇する様々な人々との出会いからもたらされることが多いという点を考えると、あまり目的やターゲットを絞り込まず自分という人間の総合的な魅力を伝えるようなブランド作りも必要であると思います。そこで、この総合的な自分を表現するブランドとして「マスターブランド」を作ることにしました。このマスターブランドを日頃から、様々な機会や出会いのポイントを通じて発信をして、自分という人間についての認知や連想を築き上げていくことで、より具体的なキャリア機会を耕すという考え方です。しかしながら、例えば具体的な就職案

件が訪れたときには、マスターブランドだけではターゲットが絞られていませんので不充分です。そこで、これを補う形で明瞭に目的とターゲットを設定した、自分が提供する「ターゲット別価値提案」も用意をします。例えば、就・転職では人間としての魅力も非常に重要な要素ですから、その部分をマスターブランドで、また募集要件への適合はターゲット別価値提案で、という組み合わせで確実に案件を勝ち取るという戦略です。マスターブランドは総合的で汎用性が高いものですから様々な機会に対応して作り変える必要はなく、その都度ターゲット別価値提案だけを開発して、組み合わせていくことで短期間に様々な機会に対応をすることができます。この考え方は、すでにお気づきのように企業のブランド運用・管理の戦略では、上記の④マスターブランド戦略に該当するアプローチです。以上のように、パーソナルキャリアブランドはマスターブランド＋ターゲット別価値提案によって一貫性を持ちながら臨機応変に作られ、発信されていきます。

　本章のあらすじの最後に、本書で最も重要なコンセプトである「マスターブランド」についてもう少し詳しく説明をしたいと思います。

マスターブランドについての補足説明

　パーソナルキャリアブランドにおけるマスターブランドのコンセプトは、特に、創業者（ファウンダー）色の強い企業ブランドに類似しています。アメリカ合衆国では映画化されたこともあり、Steeve Jobs のアップルや Mark Elliot Zuckerberg のメタ等、また日本では、これも多くの書籍や TV 番組で紹介されている盛田昭夫と井深大のソニーの歴史や、柳井正のファーストリテイリング等を挙げることができるでしょう（ほんの一例にすぎませんが）。一般的にいって、擬人化されたブランドは顧客や消費者との間に人間関係で生じるアタッチメントと同様のブランドアタッチメント（愛着に近い概念）が構築され強く安定したブランドになる

11

傾向があります。創業者ブランドが強いのはこうした要素も効いていると思います。創業者が持つライフストーリーが反映された企業理念や哲学、或いはスタイルというものに共感が湧くと言うことでしょう。一方、企業合併を繰り返してきたような企業で、そのルーツもよく見えなくなった企業は、こうした情緒的な巻き込み力が弱いようです。以前、100年以上続く老舗企業が合併した企業が、創業から100年を超えたことを強調する30秒（或いは60秒だったかもしれません）の企業広告をTVで何回か放映していましたが、その広告の情緒的なトーンにもかかわらず、殆ど情緒的なインボルブメントを感じることはありませんでした。おそらく、100年以上も続いているということの意味合い、或いは創業者のライフストーリーのようなものが、そこに見出せなかったからではないでしょうか？一方、創業社長の企業の場合は、例え、数行の文章でも創業者のライフストーリーからの逸話だと、ジーンときたりすることを経験されたことがありませんか？こうした意味では、創業者型企業の企業ブランドは、創業者のパーソナルブランドでもある、或いは、パーソナルブランドの要素を色濃く持っていると考えることもできるでしょう。本書におけるパーソナルキャリアブランドは、まさに、こうした創業者型の企業ブランド或いは、企業理念や経営哲学を手本にして作成することを基本方針としています。読者の皆さんが今まで生きてきたキャリアの軌跡、或いはライフストーリーからの成功体験、思い、長きにわたって大切にしていること、興味や情熱を持っていること、未来への見通し等に基づいて未来のゴールを定めて、それに到達するための努力目標や活動を、自身が大切にしている価値と共に整理をして、自分ならではのマスターブランドを作成して頂きたいと願っています。

第 1 節
マスターブランド作成のための情報の収集と選定

　ここでは図表 1 の①の情報の収集と選定について解説をします。パーソナルキャリアブランディングで、ブランド化する人の持っているその人ならではの様々な特徴や属性です。特に、その人が辿ってきたライフストーリーを作り出してきた種々の出来事や思いもパーソナルキャリアブランディングを作成するための重要な情報と考えられます。また、メーカーによる設計意図のもとに「無」から作り出される製品やサービスのブランドと異なり、人の場合は自分自身のブランディングを意識する時点で、すでに周りの人々の中にその人に対する一定の認知や連想が構築されています。つまり、人のブランド化は大なり小なり、リブランディング (rebranding = 再ブランディング) という要素を持っていますので、自分のブランド化の最初の一歩で、自分に対する他者の認知を知っておく必要もあります。その上で、自分が目指すブランドを設計し準備を進めた方が、あまりにも現実とのギャップが大きいブランドを目指して失敗をする、というようなリスクを最小化することができるでしょう。

第 1 項　事前準備

　パーソナルキャリアブランド作成のために必要な情報は自分からだけでなく、自分自身を知っている他者からも得ておく必要があるでしょう。そこで、一人で作成手順に入る前に自分に関する調査を事前に済ませておく必要があります。特に、パーソナルキャリアブランドを作成するセミナー

13

等に出席する場合は、予め調査を実施しておかないと情報不足で演習に取り組むことになってしまいます。また、簡潔とはいえ他人に依頼する調査も含んでいますので、依頼して即座に答えを頂くというのも無理ですからリードタイムも勘案する必要があります。そこで本項で説明する事前準備が必要なわけです。事前の準備は、①自分のパーソナリティの確認、②自分のパーソナリティ表現、③自分の強みに関するフィードバック、以上の3点から成り立っています。以下、順番に紹介します。

　事前準備の1番目は、「自分のパーソナリティの確認」です。最初に、一般的なブランドに関するパーソナリティについて、アーカー（1997）は「（ブランド・パーソナリティは）ある所与のブランドから連想される人間的特性の集合」と定義しています。この定義を人のブランド化にあてはめると、パーソナリティとは、まさしくブランド化される人の全てを包括的に捉える概念であると言えるでしょう。アーカー（1997）は、（製品に）ブランド・パーソナリティを用いる理由、つまり、（製品）ブランドを擬人化する理由として、①人々のブランドに対する知覚や態度に関する理解を深める、②ブランドアイデンティティの差別化に貢献する、③コミュニケーション活動の指針となる、④ブランドエクイティを創造する、の4点を挙げています。ここで挙げられているブランドパーソナリティを用いる理由は、製品やサービスのブランドだけでなく人のブランドにもそのまま当てはまります。

　前述のアーカーの理由の第1点目は、製品やサービスのブランドにパーソナリティという人間的な特性を明瞭に与えることで「ブランド」対「人（ブランドのターゲット）」という関係が、「人（擬人化されたブランド）」と「人（ブランドのターゲット）」の関係にすることができ、その結果そこに固有な人間関係が成り立ち、理解や絆を作り上げることができるということです。もちろん、この第1点目は全てパーソナルキャリアブランドにもあてはまります。例えば、初対面の人と人がお互いに各々のパーソナ

リティを表現せず話している間は人間関係を築くことは難しいでしょう。
もしかすると、後日、偶然出会ってもお互いにどのような人であったかさ
えも記憶していないかもしれません。人のブランド化においても、その
人の個性を明確に出すことで対象者にとって、「この人は一体誰なのか？」
という疑問に答えることができ理解を深めてもらえます。

　また、前述のアーカーの理由の第 2 点にあったように自分自身の持ち
味をパーソナルキャリアブランドにおいて表現することができれば、それ
はそのまま他者との差別化のポイントになるでしょう。そして、これは図
表 1 の⑦で示した同心円の外側の円である「パーソナリティ」を作るもの
で、自分自身の語り口であるとか、使用する表現、自分オリジナルの名刺
や持ち物を作成する場合のクリエイティブ上の指針となります。

　そして、最終的には他の要素と一体となって、「ブランドの名前やシン
ボルと結びついた資産（および負債）の集合」（アーカー（1997））である
ブランドエクイティを創造する一助となるでしょう。つまり、自分自身の
パーソナリティの表現によって、自分というブランドの価値を上げもする
し（資産）、場合によっては下げもする（負債）、ということになるわけです。

　それでは、自分のパーソナリティをどのように確定したらよいでしょ
うか？私がお勧めしたいのは、Big 5（Goldberg（1990））或いは特性
5 因子理論と呼ばれる性格特性論に基づく尺度による測定です。パーソ
ナリティは、5 つの主要な因子によって説明（測定）できるという概念に
基づく測定方法です。5 つの主要な因子とは、Extraversion: 外向性、
Agreeableness:協調性：調和性、Conscientiousness:誠実性：勤勉性、
Neuroticism: 情緒安定性：神経症傾向、Openness: 開放性、です。私
がお勧めする理由は、ビッグファイブが現在の主流なパーソナリティ理論
であるということだけでなく、Ten Item Personality Inventory（TIPI）
（Gosling, Rentfrow & Swann,2003）の日本語バージョン（小塩、阿
部、ピノ（2012））によって非常に簡易に測定でき信頼性と妥当性に優れ

た測定法が存在するからです。この 10 項目の質問紙と集計方法について
は、Web 上で見つかると思いますので是非、測定をして頂きたいと思い
ます。また、心理学に興味のある方には、「ハーバードの心理学講座」（ブ
ライアン・R・リトル著、小島修訳（2016）、大和書房）を参照されるこ
とをお勧めします。この中で、ビッグファイブの尺度の質問事項と集計方
法、そして解釈があります。但し、これは TIPI の質問事項を和訳したも
のだと思いますので、日本語版の質問事項と表現は異なります。日本語版
の質問は、前出の小塩等（2012）の論文の Appendix に「日本語版 Ten
Item Personality Inventory（TIPI-J）」として掲出されています（質問事
項のスコアリングの方法についての説明はありません）。

　事前準備の 2 番目は「自分のパーソナリティ表現について」です。ビッ
グファイブはパーソナリティの客観的な測定を伴ないますが、もう一つ、
前述の図表 1 の⑦に示した同心円上の「パーソナリティ」に関して主観的
でも結構ですからブランドメッセージの作成や、コミュニケーション上の
トーンを決定するための情報として、自分を表現する形容詞や名詞を幾つ
か準備をして頂きたいと思います。一般的なブランドだと 3 つから 5 つ
程度の名詞や形容詞（或いは、副詞）で表現をします。もしも自分だけで
は決めかねるということであれば家族も含めて自分自身をよく知ってい
る人達から表現を集めるというのもよいでしょう。但し、ここは自分の
ブランドのオーナーとして「自分のブランドは、こう表現したい」とか、
ブランドとしての自分は「こんなフィーリングで行きたい」等、表現した
い自分があってもよいと思います。結局のところブランドはブランドオー
ナーのものですから、自分の納得のいくようにすることも重要です。とは
いえ、あまりにも実体と差がある自分ブランドを作ってしまうとそれを運
用する自分が辛くなるときもあるでしょう。また、一部の方々からパーソ
ナリティに一貫性が無いとか、ちょっと実体と矛盾しているのでは、とい
う疑問をもたれるかもしれません。ブランドはブランドオーナーの好みで

作ってもよいですが、ブランドは対象者に対する約束という一面もあるとういう点には配慮しておく必要があるでしょう。

　事前準備の３番目は「自分の強みに関するフィードバック」です。これは主にマスターブランド開発の参考となるものです。自身の強みを見つけるアプローチは色々とありますがマスターブランドの構築のためには強みと弱みに注目をするよりも、強みにフォーカスする方がよいと考えています。自分自身のブランドメッセージを作成するときに弱みを克服するストーリーに基づくよりも、強みを活かしたメッセージの方がストレートで理解されやすいと思うからです。また、ポジティブ心理学の領域では自身の弱みを修復しようと試みるよりも、自分の才能や持ち前のスキルを磨いた方がより大きい実りを得られるという考え方が存在します。例えば、Roberts, et al. (2005) が推奨する方法ですが、自分の強みを自分で考え出すのではなく自分を知る周りの人々からのフィードバックを受けるというアプローチです。他人の弱みについて本人に直接コメントするのは、なかなか勇気がいると思いますが強みについては意外と答えてくれるものです。自身の配偶者、子供、友人、現在や過去の職場の同僚や上司など５人程度から、「私（尋ねている本人）の強みだと思うことを、その事例と共にフィードバックしてください」とメールで尋ねてみてください。ほぼ、間違いなく反応が返ってくるでしょうし、意外と自分が自覚しているものと違う視点や内容で、ビックリすると共に非常に参考になるはずです。強みについては、この次のステップである MY PPF の中で、ライフストーリーについて自問自答していく中でも色々と発見することができると思いますが、そうした主観的な視点だけでなく、客観的なフィードバックも考慮することでより正確な自分の強みを確定することができると思います。

　なお、強みと弱みというと、直ぐに SWOT 分析が思い出されると思います。また、実際に幾つかのパーソナルブランディングの文献の中では、SWOT 分析を開発過程の中の一つの要素として取り入れているものもあ

17

ります。しかし、SWOT の元となったアンドリュースの「経済的戦略の体系的開発」（Andrews（1980））に遡ると、環境的条件と傾向（経済的、技術的、自然科学的、政治的、社会的、そして、コミュニティ、国家、世界）から見出される機会とリスクに企業の資源を適合させる戦略を作ることが目的であり、機会を拡大するものが強みで、制限するものが弱みという概念であると解釈できます。つまり、まずは OT（機会と脅威）ありきの分析でそれ次第で強みになる資源もあれば、逆に弱みに転じてしまうものもあるということになります。こうした点で、特に対象者を絞らない、または幅広い範囲で自分自身にとってのステークホルダーを対象者として置いているマスターブランドに関しては、機会も脅威も曖昧であることから SWOT 分析は成立しにくいと考えています。また、今までの実務や企業研修で講師として実施した相当数の SWOT 分析の実施経験に基づくと、一般的な SWOT 分析における強みの確定は、往々にして自画自賛になる傾向が強く、競合との相対的強みではない場合が多いという感想を持っています。このような理由で、この前準備では SWOT の発想に繋がる強みと弱みの設定は行わないことにします。

　以上をまとめると、MY PPF に取り掛かる前に以下を準備しておく必要があります：

- ビッグファイブのパーソナリティの " 日本語版 Ten Item Personality Inventory（TIPI-J）" の記入を行い、スコアリングの指示に従って集計して、自分の顕著な特性を把握する。
- 自分を表す（自分らしい）形容詞、名詞、（副詞）を自分でそして親しい人達に聞いて幾つか書き出しておく（3〜5 個程度）。
- 「私（尋ねている本人）の強みだと思うことを、その事例と共にフィードバックしてください」と、配偶者、子供、友人、現在／過去の同僚や上司にお願いしてその反応をまとめておく。おそらく、面と向かってよりもメールで尋ねるのが得策だと思います。

以上です。

第 2 項　MY PPF シートの記入

　PPF とは Past（過去）、Present（現在）,Future（未来）を表すイニシャリズムです。そして、MY PPF とは、現在の視点で自分自身の過去を振り返り、未来について思いを巡らせることによって得る自分のライフストーリーを構成する情報です。これはパーソナルキャリアブランドの、特にマスターブランドを作るための重要な源泉です。My PPF は自問自答をしながら収集をしていきますので、それを手助けするために図表 2 のMY PPF シートを活用します。この節では、まず初めに MY PPF の構造と記入の手順を説明します。その後に MY PPF シートのような内容、体裁、記入方法を作る際に参考にした企業ブランディング開発の手法とキャリア理論のナラティブアプローチの手法ついて簡単に紹介します。

　それでは、図表 2 の MY PPF シートの記入方法について説明をしましょう。実際の記入にあたっては、図表 2 を是非、A3 に拡大コピーをしてください。本書の大きさのシートに書き込もうとすると、小さな字で少ない量で書こうとして漏れが多くなると思います。大きな紙を前にして、大きな視点でゆったりと記入をしてみてください。この表は左から右へ流れる時系列の体裁になっており、中学時代から記入することになっています。

　ところで MY PPF シートを設計するにあたっては、幾つかの前提を設けています。第 1 に、本書でパーソナルキャリアブランドを作成しようとする方々は、すでに職業経験を持っているということです。第 2 に、これは第 1 と密接に関連していますが、すでになんらかのキャリアガイダンスなりキャリアカウンセリング（コンサルティング）を受けたことがあるという前提です。現在、就業している人々の多くは最終学歴の学校で就職

UP &	+																	
Down	−																	
アップ＆ダウンの解説																		
西暦																		
年齢																		
学歴／職歴（含、資格）	未来： ありたい姿：																	
重要な出来事（含、転機）																		
意味合い																		
興味／情熱																		
大切なこと																		

図表 2　MY PPF シート

のためのガイダンスの一貫として、または授業の一環としてキャリアに関する指導、講義、相談等を受けた経験があるでしょう。特に、近年では就職の実績が大学を選ぶ際の一つの指標となっていることから、各大学では相当な力を入れているはずです。こうした前提を設定している理由は、キャリアデザインをゼロから一人で紙面上のみで（キャリアカウンセラー等の援助なしで）行うことは、なかなか厳しいと考えるからです。一方、過去にプロフェッショナルな援助を受けながら真剣にキャリアデザインに取り組んだ経験があれば、自分自身の振り返りのためのマインドや手法、過去の様々な出来事からの学びや意味を引き出す術を心得ていると思います。また、その明瞭度には個人差があるとは思いますが、未来に向けての方向性や自分像もおおよそ持っている状態ではないでしょうか？本書の目的は、あくまでも自分自身のブランド作りであってキャリアデザインやカウンセリングを行うことではありませんので、MY PPF シートへの記入は過去にキャリアに関する相談やレクチャー等を受けた経験を参考にしながら、そして実際の仕事の経験からのレフレクション（内省）も含めて実施してください。また、際限が無くなる可能性もありますので、あらかじめ一定の時間を定めて取り組まれるとよいでしょう。

　一つ考慮が必要な点は、MY PPF シートの基本デザイン、そして、それに含まれている課題の多くはナラティブアプローチによるライフストーリーの作成手法の応用であるという点です。本来は、聞き手と語り手（本人）との間のダイナミックなやりとりで進めて行くことが望ましい内容です。ですから、質問－答え（或いは、刺激－反応）といった機械的な応答（記入）ではなく一つ一つの課題について過去の経験も参考にしながら、「何故、私はこの出来事や経験を取り上げるのか？」、「その出来事が起こったとき或いは経験をした当時はどう思ったか？」、「今の時点で見直すと、どういう意味があるのか？」、というように時間軸を前後に行き来して自問自答を繰り返しながら進めていって頂きたいと思います。

それでは、図表 2 の MY PPF シートのフレーム全体を概説します。具体的な記入方法は後で説明をしますので、まずは以下をザッと読んでください：

a. 過去－現在－未来の横軸に対応して進めて行きます

既述のように創業者型企業ブランドは基本的には創業者のライフヒストリー＆ストーリーに基づいていたように、パーソナルキャリアブランドも自分自身のライフヒストリー＆ストーリーに基づいて作成をすすめていきますので、大きな体裁としては「人生年表」とか「ライフコースの整理表」のスタイルを採用します。また、キャリア理論家のコクラン（2016）のライフラインのコンセプト、そして、そのプラス / マイナスのスペースの考えも活用します（図表の一番上で、"Up & Down" と示したスペースです）。

b. 時間軸は左端の中学時代から始まり、現在を通って右端に未来を置きます

中学時代から始める理由は、心理学者の Erikson（1963）の有名な発達理論における発達の 8 段階に依拠します。おおよそ、12 歳から 18 歳頃までが該当する第 5 期の青年期は、アイデンティティが形成され始める重要な時期で、同一性と同一性の混乱が同居する時期でもあることから今後の人生に大きな影響を持つと思われます。また、キャリア理論家のスーパーのライフ・ステージ（マキシ・サイクル）（渡辺、2018）においても、中学時代は、成長段階（0~14 歳）の終盤からキャリア形成におけるキーとなる探索段階（14~25 歳）に入ることから、自分自身の振り返りを始めるための最適な開始ポイントであると考えました。本来は、コクラン（2016）の技法のように幼い頃の回想から始めたいところですが、プロの援助なしで幼い頃の回想から意味を引き出すことは困難という認識

から中学時代から開始することにしたという側面もあります。

c.　振り返りは、まずは縦の流れで記入します

　最初に振り返りの時期を決めます。そして、その時期の期間中に起こった（起こる）縦に並ぶ各項目について考えてみましょう。例えば、中学時代を選んだら中学の期間中における自分自身にとっての重要な出来事を記入します。特に、中学以降の生き方に影響を及ぼしたような転機となった重要な出来事がなかったかを検討します。例えば、「父の転勤に伴ってロンドンに移住した」というようなことです。そして、その下の欄にあるその重要な出来事がもたらした自分にとっての意味合いを振り返り記入します。この例ですと「英語で思考するようになり、人生観や人間関係がガラッと変化した」というような解釈を書き出します。次にその下の欄に移って、このころに興味を持ち始めたことや、情熱を持って取り組んだことを書き出します。最後に、一番下の欄に中学時代に大切にしていたことを記入します。こうして一つの期間の縦の項目の全ての記入が終了したら、隣の期間に移り同様の振り返りを「現在」の期間まで繰り返します。

d.　記入した全体を見渡しながら、総論として横軸で振り返って、Up & Down を描いてみる

　何回か書いたり消したりが必要だと思いますがシートの最上部に時間軸を横切って、自身のライフストーリー或いはヒストリーのアップ＆ダウンの線を描いてみます。順調だった、成功した、幸せだった、と今から思うようなところはプラスの領域に振れ、平凡だったり、普通だったりしたところは、+/- ゼロあたりに、そして、失敗したり、上手くいかなかったところ、不幸だと思ったところは、マイナスのゾーンに線を振ってみましょう。また、振れの大小によってその影響度の大小も表現してみましょう。それが終わったら、その波について現在の自分の視点で、何故プラス或い

はマイナスの領域に入れたかを説明するストーリーを作ります。また、プラスの領域に入れたところに関しては、「何故上手くいったのか？」、「どのようなリソースを活用できたのか？」を明示します。これに基づき後で成功ストーリーを作ります。

My PPF シートは以上のような建付けになっています。それでは、次に具体的な記入の順番を説明します（一部、既述のフレームの内容と重複します）：

①西暦／年齢／学歴／職歴の記入

シートは、横軸の空欄部を実線と破線で区切ってあります。最初の実践で区切られた３つのスペースは中・高・大学校です。４つ目以降が職歴欄となり、不必要な学校欄は職歴に、また大学院等で不足な場合は職歴欄を使って学歴を記入してください。さて、学歴が中・高・大の３つで収まった場合を例にすると、右側に向かって 10 のブランクスペース、そして太線を挟んで未来スペースがあります。まずは、未来スペースの左側の太線の空欄である 10 番目のブランクスペースを「現在」にしましょう。この現在の欄も含めて、（この場合では）大学卒業から現在までの期間を 10 で割った数字が各空欄の期間ということになるでしょう。22 歳で卒業した場合は、現在 32 歳なら各空欄がおおよそ１年相当になり、42 歳ならおおよそ２年相当ということになるでしょう。また、振り返りに使える時間が非常に限定している場合は、破線を無視して空欄を分割しても構いません。例えば、３年間ごととか５年間ごととというように柔軟に対応してください（破線にした理由が、そこにあります）。とにかく、自分自身が振り返りやすく分割されていることが重要ですが、簡単に済ませようという意図で各振り返り期間を長くしすぎると結果の密度が低く、次のステップに行ったときの情報が不足して困ります。ここでの情報の質と量がマスターブランドの作成効率を決定します。方針が決まったら西暦欄と年齢欄

を記入しましょう。例えば、2010〜2012 、24 歳〜26 歳という具合
です。次に、対応する学歴と職歴等を記入します。職歴について転職をし
ていないのであれば、いちいち社名を記入する必要はありません。また社
名も略称で構いません。むしろ重要なのは、例えば転勤があった場合は転
勤先、異動があった場合は部署名というように所属したところが具体的に
思い浮かぶように記入するとよいでしょう。自分自身のライフストーリー
の記憶は、西暦や年齢よりも所属したところと紐づいている場合が多いよ
うです。MY PPF シートは例えば、キャリアカウンセラーと共有するよ
うな必要はありませんので、自分で解れば略号や略称などを使って簡潔に
表現して構いません。また、キャリアに直接関連する資格や学位を取得し
た場合は、これらの欄に記入します。未来領域の期間について、本書では
企業ブランドの「使命（ミッション）」のように期間を定めない到達目標を
たてることはしませんので、長期間（大体 7 年位）のスパンで設定してお
きましょう（例えば、2025〜2031）。なお、PPF シートの未来領域に
は「ありたい姿」、「興味 / 情熱」、「大切なこと」の記入欄もあります。こ
れらについては、次の④で説明しますので、最初はブランクで結構です。

②各期間ごとに縦割りで各記入欄に該当するコトを記入する

　あとは、既述のフレームの説明の c で説明したように、重要な出来事
（転機を含む）とその意味合い、興味 / 情熱、大切なこと、を順番に記入
します。なお、「意味合い」はその出来事が起こった時点ではなく現在の
自分の視点で振り返って記入します。従って、そのときには辛く残念に思
えた出来事も、今の視点で振り返ると非常に役に立ったというようなこと
もあるかもしれません（その逆も含めて）。ここまでで、記入の漏れがな
いか意味の掘り下げは充分か、などのレビューも行いましょう。

③ Up & Down 欄の記入

　ここまでで記入し終わった PPF シートの下側も睨みながら、西暦／年齢の括りでアップ＆ダウンの線を描いてみましょう。既述のフレームの説明 d のように、自分のライフストーリーやヒストリーを表す曲線を描き、自分なりにその Up & Down の説明をしてみましょう。最後に、この Up & Down の中から自分自身の成功ストーリーを編み出して見ましょう。基本形は、誰の、どのようなニーズを、如何にして満たしたか、ですが英語的な表現でいえば「何が私を成功させたか？」、或いは「何が私を成功に導いたか？」について活き活きと書いてみましょう。モチベーションは何だったか、活用し役立った自分のリソース、スキル、コンピテンシー、資格、人的ネットワーク等、そしてそれをどのように使ったか、どのようなベネフィットを得られたか、現在の自分にどのように役立っているか、そのときはどんな気分だったか等について書き出していきましょう。

④未来項目の記入

　②と③について、何回か見直した後最後に未来項目の「ありたい姿」を記入しましょう。これは、マスターブランドのゴール作りの参考にしますが、これで決定というわけではないので自分自身の MY PPF の振り返りが終わった新鮮な状態で、一度、自由にありたい姿を描いてみましょう。これは、もちろん達成したいことでも構いません。またこれと並行して未来として定めた期間において自分自身が興味／情熱をもっているだろうこと、そして大切にしているだろうこと、も記入しましょう。この辺の情報は、マスターブランドのゴールの設定だけでなくバリューの設定にも役立つ情報ですので必ず記入をしておきましょう。

　各アクティビティに、どの程度の時間をかけるかということですが記入者のキャリア歴によって大きく変わります。西暦、年齢、学歴／職歴の記入を終了してから、60 分前後で「②各期間ごとに縦割りで、各記入欄に

該当するコトを記入する」を終了するように取り組んでみては如何でしょうか？これでも、30歳代前半の人が記入する場合、中学校から始まって20年間程度について単純計算だと１年あたり３分間程度しか使えないことになり、結構駆け足になるかもしれません。一方、人は20分間程度しか集中できないとも言われていますので、60分でも場合によっては負担に感じるかもしれません。そこで40歳代、50歳代で記入をする場合のように記入期間が長い場合でも、以下に述べるアクティビティも含めて最長で２時間程度を使って適当に休憩をとりながら楽しんで取り組まれるとよいでしょう。但し、これは最初に説明をしたように、過去にキャリアカウンセリング等を受けたことがある場合です。過去にそのような経験が無い場合は、最初の内は内省に更に時間がかかると思いますが、せっかく思いたったことですので適当に休憩をはさみながら、ゆっくりと振り返りをされるとよいでしょう。これからの人生にとって有益な色々な収穫を得られると思います。

　全ての欄の記入が終わったら30分前後で「③Up & Down欄の記入」と成功ストーリーの書き出しを行います。その後、全体を見直したあと未来の領域への記入をしましょう。また、必要に応じて手直しをする時間も設けるとよいでしょう。自問自答で進めて行くもので、時間をかければかけるほど品質が上がるような種類のアクティビティでもありませんので自身で決めた時間内で集中して取り組まれることをお勧めします。また、図表３のようなMY PPFのまとめシートを作って、MY PPFシートからマスターブランドの構成要素への移転をスムーズにするような準備もしておくとよいでしょう。

　次に、ここからは、どのようにしてMY PPFシートの内容や振り返りの手法を決めたかについて説明をしておきたいと思います。MY PPFシートの体裁や構成する項目、すなわち振り返りが必要なポイントが持つ意味合いを理解することで、シートを完成していくことに理論的そして実

務上も検証された理由があることを知って頂くためです。

　まず、繰り返しになりますが、本書は主にブランディングの理論と実践に基づいていますので、当然 MY PPF の内容や体裁の決定に関してもブランディングのアプローチを参考にしています。そこで、まずブランディングアプローチについて概観したいと思います。

成功のストーリー		成功の決め手	活用したリソース	活用した強み
事例 1				
事例 2				
事例 3				
持続的な興味 / 情熱	現在までと未来：			
一貫して大切なこと	現在までと未来：			
重要な出来事や転機に関連する逸話選集				
逸話 ①				
逸話 ②				
逸話 ③				

図表 3　MY PPF まとめシート例

My PPF のコンセプト作りのために参考にしたブランディングアプローチ

　ブランディングと言っても、そのアプローチは企業ブランドとプロダクト（サービス）ブランドの間に違いがあります。本書ではマスターブランドについては企業ブランディングのアプローチを、そしてターゲット別価値提案にはプロダクトブランドのブランディング手法を参考にしています。

　それでは、マスターブランドの作成に必要な情報を拾いあげるために参考になる企業ブランディングのアプローチとはどのようなものなのでしょうか？企業ブランディングのアプローチは大きく２つに分かれるという印

象を持っています。その分かれ目は当該企業の生い立ちにあります。幾つかの法人が一緒になって政策的に作ったものや、企業の子会社として始まったもの等、その企業理念や経営理念に関して、おそらく複数の企業や部門の持ち味を融合した結果、やや薄味になってしまった企業が1つ目の例です。一方で、個人（創業者）の強烈な意思とバイタリティーで小規模な事業から業界を代表するような企業やグローバルな企業にまで発展してきた、個性の強い明瞭な経営理念をバックボーンとした企業ブランドを持っている企業が2つ目の例です。

　企業ブランドについて、レビューや更新、更にはリブランディングをする場合の手法は、いずれの例でも当該企業の経営理念なり哲学を理解し、それを反映した企業ブランドを理解した上で、その現状でのブランドの課題を特定するところから仕事が始まることが多いでしょう。この段階では、複数の企業や部門が集まってできたような企業に関しては、比較的広い対象者における認知度、その中身、そしてイメージについての定量的な調査、また、それ以外の当該企業をよく知っている（はずの）ステークホルダー（取引先、顧客、ビジネスパートナー、そして従業員）を対象とした定性/定量調査が中心となるでしょう。この情報収集から後は、各々のプロジェクトの目的によって異なるでしょうが、基本的にはこうした定性（例えば、グループや個人単位でインタビューをする）/定量（質問紙或いはそれに準じるものを使って、聞きたい対象者を代表すると思われる一定の数の人に質問をする）の調査から得た情報の集計と分析が重要な要素となるでしょう。

　一方、後者の例である創業者型の企業では、殆どの場合が創業者の人生、或いはライフストーリーやヒストリーが、そのまま経営理念を作り上げ、その行動や発言が直接企業ブランドを作り影響をすることが多いので、当然のことながら情報収集や分析活動は創業者にフォーカスされます。創業者が健在の場合は、本人に対するインタビューが中心となります

し、すでに他界されている場合は、利用可能な（available）社内資料を徹底的に読み解き、直系の後継者がいる場合はその方、そして社内で創業者からの薫陶を受けた社員の方々とのインタビューを通じて創業者の人間像を浮き彫りにしていきます。

　個人的な経験を申し上げると、私が関わった創業者型の企業の場合は、すでにグローバルな企業として、世界で従業員10万人を超えるような日本を代表する大企業ですが、長年にわたって創業者の経営理念を大切にされています。社内には創業者に関する資料が大事に豊富に保存されており、例えば家庭環境（両親や兄弟について、そしてその関係性）、幼少期や学校での様子、初めての仕事、当時の夢や理想、独立へと導く出来事、創業時の考えや理想、失敗や挫折、成功への階段、経営過程での様々な逸話、意思決定における価値感、そして経営哲学等を掘り起こすことができる文献が揃っていました。これらを読破し、そこから読み取れる考え方や経営の流儀や手法について代理体験のような経験や、それらに精通している社員に対するインタビュー等の実施を経て基本調査に3か月間近くの時間を要しました。その頃までには自分自身もすっかり、この創業者を心から尊敬するようになり、プロジェクトにかかわる社内の人々からも受け入れられるようになり、お陰でスムーズに仕事を進められるようになったことを記憶しています。結局のところ、この3か月ほどで私が実施したことは創業者のライフストーリーを整理したり、現代という新たな時間の点において再解釈をしたり、実際に出来事が起こった時点とは異なるような意味付けをした、ということだと思います。少しまわりくどくなりましたが、こうした点を鑑みると創業者型企業のブランディングの手法と、個人のブランド化を行うパーソナルキャリアブランディングを作成する手法との間には根本的な共通点があると結論付けることができると思います。つまり人のブランド化とは、その人のライフストーリーを整理して明確にすることから始まるということです。こうした共通点の認識を反映して創

業者型企業の企業ブランド作りのアプローチを MY PPF シートの構成や
内容に反映しています。

My PPF 作りに参考にしたキャリア理論のナラティブアプローチ

　また、マスターブランドとターゲット別価値提案に適用するキャリア理
論の基本概念や手法についても、ブランド理論の場合と同様に各々別々な
ものを採用しています。この違いは、各々が対象とする対象者やブラン
ディングの目的の違いに起因します。マスターブランドは自分自身にとっ
ての過去、現在、そして未来において想定されるステークホルダー全般を
対象者としてキャリアという切り口で自分という全人格をブランド化して
いくものですから、包括的な人間を扱うことができるキャリア理論が必要
です。一方ターゲット別価値提案は、例えばある企業のマーケティング
ディレクターの求人という案件であれば募集人数は 1 人だけ、求める人
材要件は極めて特定されたもので、応募者と求人要件との間について密接
な適合性が求められます。まさに、この唯一無二の適合を求めたブラン
ディングが求められることから、自分が持っている（と訴求する）ターゲッ
ト別価値提案と、企業が求めている（理想的な）人材要件とがピッタリと
適合している必要があります。そこで、求人側の条件と応募者側の特性の
間のマッチングを基本概念としたキャリア理論なり手法を、ターゲット別
価値提案の作成には採用する必要があります。この点については第 3 節の
「ターゲット別価値提案の設計と作成」で説明をします。

　ここでは、まず最初に前述の人のブランド化とはその人の「ライフス
トーリー」を整理して明確にする、というセンテンスの中の「ライフストー
リー」とは何かについて、その内容を簡潔に説明したいと思います。ライ
フストーリーについて話を進める前に、ライフヒストリーとライフストー
リーという似ている用語の整理をしておきましょう。これらの違いで、最
も重要なポイントは、「ライフヒストリーは語り手が一方的に語っていく

が、ライフストーリーでは、聞き手がアクティブな存在で、共同制作者となるので、聞き手が変われば内容も変化する」（大久保（2009））という点で、この聞き手がアクティブに関わる手法はナラティブと呼ばれているものです。ナラティブと類似した概念に"もの語り或いは物語"がありますが、心理学（生涯発達心理学）の視点から、やまだ（2021）は、ナラティブもストーリーも同じ「もの語り」として扱っており、以下のように定義づけています、「もの語りは、2つ以上の出来事を結びつけて筋立てる行為」。ここで、「筋だて」とは出来事の組立のことです。この定義では、時間軸が外され、更に因果関係も外されています。もの語りは、静的な構造や形態ではなく、出来事を絶えず組み替えて結んで意味づけをしていくライブの生成プロセスとして、やまだ（2021）は考えているところが特徴と考えられます。このようにライフストーリーはライブの生成プロセスの中で編み出される、つまりナラティブによって生成されていくという認識を得ることができました。

　以上のように創業者型企業における企業ブランディングの決め手は、創業者のライフストーリーを明らかにすることから始まるという認識、そして、そのライフストーリーを描くにはナラティブアプローチの考え方が重要であるという認識から、MY PPF の内容と構成はキャリア理論のナラティブアプローチにおける手法を参考にすることにしました。

　こうしたナラティブアプローチからキャリアを研究している代表的な研究者としては、マーク・L・サビカスとラリー・コクランの2名を挙げることができるでしょう。そこで、ブランド化をしようとする対象者に関するライフストーリーを拾い上げるために、ナラティブアプローチで用いられている手法からマスターブランド作りに応用できる内容を探索するために、2人の研究内容や手法について以下に検討をしたいと思います。

　まず、サビカスのアプローチをみてみましょう。サビカス（2015）は、ナラティブカウンセリングの手法として、キャリアストーリーインタ

ビューを提言しています。それは５つの質問によって成り立っており、各質問は各々の主題についてのストーリーへの入り口となるように選ばれたもので、最終的にはライフストーリーを明らかにして、インタビューの目的であるキャリアテーマを確定できるように設計されています。５つの質問とは、①ロールモデル、②雑誌、③好きなストーリー、④指針となる言葉、⑤幼少期の思い出、です。この手法が優れていると言われているのは、キャリアカウンセラーにとってもクライアントにとっても負担が少ないこと（５つの質問で終了する）と言われています。しかしながら、実際は各質問に続く綿密なナラティブ（カウンセラーとクライアントとの間の対話）そしてインタビュー後に行われる、このインタビューから得たストーリーについてのキャリア・ストーリーアセスメントを実施する必要があります。というわけで、本書で想定しているような自問自答で進めて行くライフストーリー作りには、ハードルが高い内容であるという印象です。（ご興味がある方は、サビカス（2015）をご覧ください）

　そこで次に、構成主義やナラティブアプローチを率いてきたコクラン（2016）のナラティブアプローチから応用できるところがないかを検討したいと思います。コクラン（2016）は、「ストーリーを創作することは、意味を紡ぎ出す最善の方法である」と述べ、ナラティブアプローチによってライフストーリーを探索する理由として以下の３点を挙げています：

①過去の体験を探索することで興味や価値観、能力や動機、性格上の強みなどの情報が入手できる。

②こうした情報を用い、その人が今後どのような職業につく可能性があるのかを検討するための客観的クライアント像を作成できる。

③クライアントの語りは、ストーリーを紡んでいく主人公として自己概念（自分に対する考えやとらえ方）をどのように形成してきたのかを知る手がかりとなる。

　また、人生に秘められた意味は、その過程の中にすでに存在しているの

ではなく、ストーリーを語る中で明らかにされると捉えます。そこでコクラン（2016）は、「人生のストーリーはその人がどう生きてきたのかを示している。その人生はストーリーの土台となる。どう生きてきたのかを示すとき、ストーリーが特別な意味を与え、同時にどのような意味を持っているのかを明らかにする。このようにストーリーは人生に基づくが、それはストーリーが人生によって決定されるということではない。なぜなら、ストーリーは人生を明確化することによって形つくられるからである。その明確化がストーリーに新しく豊かな意味を与える。（Widdershoven（1993）,pp. 5-6）」と述べています。こうした考えのもとで、キャリアカウンセラーはクライアントの様々な経験を繋げたり、一時的な体験として分類したりしながら、ストーリーがこれらのクライアントの未来像にうまくつながるような支援をし、心の中にある欲求の実現に向け持てる力を引き出し、障害を乗り越え最後まで全うできるようなストーリーを作れるような支援をすることが重要であると述べています。（コクランについての詳細は、コクラン（2016）を参照ください）以上が、コクラン（2016）のナラティブアプローチの考え方ですが、まさに、本書におけるパーソナルキャリアブランディングの中心であるマスターブランドを作るための基本的な考え方と一致するものであると思います。そこでクライアントの語りを促進させ、語りを豊かにするインタビューの進め方（技法）としてコンクラン（2016）で示されている以下の6つの技法について要約をして、この節の主題である MY PPF を自問自答していくための項目として応用できる技法はないかを検討していきます：

①ライフライン

　これは、コクランのナラティブアプローチの中で最も有名な技法でしょう。時間軸を示す横線を引き、左端の誕生の印から右端の現在の印の間に人生におけるマイルストーンとなった経験を布置していきます。その際、ポジティブな経験は横軸より上に各々の強弱を加味して上下におき、ネガ

ティブな経験は横軸の下に、これも各々の強弱を加味して上下におくという作業です。これによって、これまでの人生における経験が視覚化され、過去の記憶を呼び覚まし時間軸上で人生のライフラインを把握することができます。

　こうして書かれた点（ドット）は、それぞれのできごとの程度を表します。すべての点と印をつけ終わると、クライアントがこれまでどのような人生を送ってきたかが書かれた点により視覚的に表現されます。ライフラインを完成させることで、過去の記憶に光を当てこれまでの人生の時系列的なアウトラインを把握することになり、自分にとって重要な意味のある環境、当時考えたこと、感じたこと、行動したことなどの詳細について埋めて確認をすることができるとコクラン（2016）は説明しています。

②ライフチャプター

　クライアントは自分の人生を自伝として考えるように、カウンセラーから次のような指示を受けます（コクラン（2016））：「もし、自分の伝記を書くように依頼されたら、あなたはその章立てをどのようなタイトルにしますか？（中略）ありきたりのものではなく、あなたの人生の中での格別な時期を、要約して表現するのにふさわしいタイトルの章にしてください。（以下、省略）」。クライアントは自分の人生のある時代について、それにふさわしいタイトルを付けるために、その時代の内容がどのようなものであったか、それについて簡潔な特徴をつけることができ、その後カウンセラーはクライアントが各時代について、その内面を振り返ることができるような問いかけを行うということになります。（コクラン（2016））

③成功体験

　「過去の成功体験について自己分析を行うことにより、自らの才能を見つけ出すことができる。つまり、自己分析は過去の経験の産物であり、成し遂げたことを強調することで、自分自身の価値に気づくことができるという、基本的考え方に基づいている（Pearson（1975）,p.22）」、とコク

ラン（2016）は述べています。各々の成功体験について、成功をもたらした体験の始まり、過程、完結、そしてその体験についての考えや感想をリストアップすることで、成功体験から引き出すことができる強みと弱みの組合せの全てを明らかにすることになります。このような成功体験の内容には、一般的な知識や思考力のような基礎的な能力、スキル、専門知識、性格的な特徴が含まれます。コクラン（2016）が、「このような演習を通して抽出されたクライアントの強みは、過去において実際に発揮され、クライアントを成功に導いたものである。また、同時にこれらの強みは将来においても発揮され、クライアントを成功に導くだろうと予測することも可能になる（Pearson（1975），p.22）」と述べているように、成功体験を語り、振り返ることは未来を導くための重要なステップであるといえるでしょう。コクラン（2016）は、成功体験を振り返ることは単純に過去をレビューすることではなく、未来に向けて自分自身を考える重要な意義を持っていると指摘しています。

④家族を位置づける

　家族一人ひとりについて、各々の生まれや家族としてどのように関わっているのかを述べ、そこから得られる情報からその人の強み、特徴的な価値観を明らかにすることができるだけでなく、その人の仕事や人生についての筋書きに反映される特性の傾向や類型についても把握できる、とコクラン（2016）は説明しています。

⑤ロールモデル

　コクラン（2016）は、Savickas（1989）を引用して、「クライアントが抱いているロールモデルは、そのクライアントの中心となる人生の最終目標を明らかにし、クライアントの中心的な関心を明確化し、問題解決のための考え方を明らかにする」と説明しています。そして、「成長したらこんな人になりたいと思っている人物は誰ですか」、そして「そのモデルとあなたはどこが同じでどこが違うのですか」と質問することで、「その

モデルについての逸話を引き出し、モデルが果たしている役割や行動の事例について説明させる」とコクラン（2016）は述べています。ところで、モデルは実在の人物である必要はなく、歴史上の人物やマンガの主人公や動物であってさえもよいとコクラン（2016）は述べています。

⑥幼い頃の回想

　コクラン（2016）は、自分が幼い頃の回想をどのように解釈し、人生にどのような関わりがあるのかは、一般的に人生において経験を理解していく上でとても重要なことで、Adler（1956）や Watkins & Savickas（1990）らと同様に、幼い頃の回想が格別に豊かな意味を持ち、それなしではライフヒストリーを解釈できないと考えていると述べ、その重要性を強調しています。

　以上がコクラン（2016）によるナラティブアプローチにおけるクライアントからの語りを豊かにするための技法の要約です。

　本書内では、プロのカウンセラーと読者との間で密接な対話を持つことはできませんので参考にすることを決めたコクランの 6 つの技法から自問自答でも、どうにか進めていけるのではないかと仮定した内容を MY PPF を開発するための参考としました。それらはライフライン、**成功体験**、そして未来に関してのロールモデルです。

　本項をまとめると、企業ブランドからの参考であるブランド化される個人のライフストーリーについての情報を得るために、コクラン（2016）の技法を参考に、ブランド化する本人のキャリアにおけるライフライン、**成功体験**、そしてロールモデルをピックアップできるような設計を MY PPF シートに施しました。また、企業の創業者の研究の中で重要であった転機となるような重要な出来事、興味や情熱を燃やしている / 燃やし続けていること、そして、一貫性のある価値観を拾うための自問自答ポイントも MY PPF シート（図表 2）に含みました。

　以上のように企業ブランディングの実務的な経験からとナラティブキャ

リア理論からの学びに基づいて MY PPF シートは設計されていますので安心して活用して頂ければと思います。また、記入をしている間に不明な点等が生じた場合は、ここの MY PPF の開発の背景を一読頂いて質問の意図などを理解して頂く事で解決されるのではないかと思っています。更に、より深く取り組むために、参考にした文献であるコクラン (2016) を参照されるのも助けになるでしょう。

　ここまでは MY PPF シート上に展開される、ブランド化される本人のライフストーリーから得ることができる、成功体験、その人ならではの考え方、得意なこと、興味のあること、継続してきたこと、これからも続けたいこと、或いは、新たに始めたいこと、大事にしていることなどを拾い上げてきました。これらは、本人のマスターブランド作りにとって十分な情報素材を提供していると思います。

第 3 項　その他の情報リソース

　事前情報、MY PFF シートを使って紡ぎ出すライフストーリーに加えて、もしかすると、マスターブランドのユニークさや質を更に高めるような情報がまだ存在するかもしれません。そこで、MY PPF のようなストーリーという総合的な視点ではなく、何か見逃している情報はないだろうかという、具体的かつ個別の視点で確認する分野について最後に簡単に触れておこうと思います。

　1 つ目は、本人が行っている仕事のドライバー (駆動する力) です。ここに「モチベーション」などという用語を持ち出すと、それだけで、多くの理論を検討しなければなりませんので、それを避けて単純に「貴方は、何のために働いているのですか？」ということに対するストレートな答えを知っておこうということです。というのは、そこにもしかすると他者には無い訴求力のあるストーリーが隠れているかもしれないからです。例え

ば、その答えが「もちろん、お金ですよ」という答えと「社会的なコーズ
です」という答えでは、その後の質問の広がりが違うでしょう。もちろん、
これは、善し悪しの問題ではありません。お金を稼ぐことにドライブされ
ていることは全く自然なことですが、社会的コーズの場合よりも特徴を出
しにくいかもしれません。一方、社会的コーズと答えられることは最近で
は多くなりましたが、それほど一般的ではありません。少なくとも、もう
少し深堀をして、場合によってはその人のマスターブランド作成の情報と
して加えてもよいかもしれません。

　２つ目は、人的ネットワークです。年齢を重ねて自分自身の多岐にわ
たったビジネスの経験を振り返ると、人との出会いの貴重さに改めて気が
付かされます。仕事だけでなく、趣味、資格関連の集まり、同窓会、ビジ
ネススクールの学友、勉強会等々での出会いが自分自身の生活を豊かにし
てくれて、場合によっては新しいキャリアへと繋がることも多々あると思
います。そこで、どの分野でどの程度の深さや量で人的ネットワークを
持っているのかを自分自身でレビューされることを推奨したいと思いま
す。そこには、マスターブランド作成に必要な様々な逸話も得られるよう
な気がします。

　３つ目は、非常にストレートに自身の持っているコンピテンシー、スキ
ルや資格についてです。コンピテンシーとは、「特定の職務を効果的に行
うために必要とされる、観察・測定が可能な個人のスキル、行動、知識、
能力、才能」（渡辺（2015））と一般的に定義されていますので、スキル
も入ってしまうのかもしれませんが、コンピテンシーは特定の職務におけ
るハイパフォーマーの行動特性という面もあり、また「特定」とういこと
に注目すると、一般的なスキルは別にして考えてもよいだろうという理由
でスキルは別にリストアップしています。資格については、MY PPF シー
ト上で独立して聞いていますので、すでに織り込み済みだと思いますが、
知識や才能という点では MY PPF では気が付かなかった点もあるかもし

れませんので、このような側面も考慮するとよいでしょう。

　以上、マスターブランド作成のための情報の選出は、MY PPF シート を中心に、更に他のリソースについても気を配りながら総合的に進めると よいでしょう。

第2節
マスターブランドの作成

　この節は、図表1に示した項目で②の番号をふったマスターブランドの中味の作り方について解説します。マスターブランドの核を構成する要素として「ゴール」、「プロセス」、「バリュー」というコンセプトを作りました。これらは、企業ブランドの源泉となる企業（経営）理念や経営哲学の伝統的な構成要素であるMVV（ミッション、ビジョン、バリュー）を形式上参考にしたものです。しかし、バリューを除いて、ゴールとミッション、プロセスとビジョンとの間には色々な違いがあります。この節ではこれら3つのコンセプトを中心に説明を進めていきます。

第1項　ゴール

　この最初に扱うゴールについて参考にした企業、或いは創業者型企業の創業者が掲げた使命というほど厳格なものではなくてもよいだろう、という気がしています。使命には例えば、誰からか与えられた或いは課せられた重大な或いは偉大な課題という響きがあり、達成できなかったら一大事という重さがあります。一方、パーソナルキャリアブランドにおける長期的なゴールとは今から7年後前後に自分が何を成し遂げたいか、又はどのような姿になりたいか、という自問自答の結果の表明です。そもそも長期的といっても、1970年代のように10年以上を長期的と考えるというほど我々の環境が安定していませんので、おそらく7年前後程度の期間で到達する課題を設定すればよいでしょう。ということで、企業ブラン

ドや企業（経営）理念におけるミッション（使命）の作り方を参考にはするが、実体としては自分自身のライフストーリーや未来像に基づく、7年前後の期間で達成するゴールや姿をマスターブランドの核となるコンセプトとしたいと思います。

　とは言っても、決してゴールを軽んじているわけではなくパーソナルキャリアブランドにとってゴールは最も重要な要素です。実際、最終的に語る（書く）ブランドメッセージも、示すべきゴールが無ければそれに到達するためのプロセスを話すこともできず、また、それに利用することで価値がでる自分のリソースを活かすこともできません。つまり、語るべく自分というブランドストーリーを組み立てることができません。また、キャリアの構築という視点に立つとキャリアが開いていく過程は、自分自身が綿密に計画した道筋通りで進むというよりは、むしろ様々な場所や機会での人との出会いがきっかけになっている場合が非常に多いのも事実です。色々と意見もあるでしょうが、やはり、その人なりの生き方とか哲学を持って長期的なゴールに向かう中で仕事に取り組んでいる人は印象に残りやすいでしょう。「一体、何をやりたいのか、何を目指しているのか、さっぱり解らない」という人については、キャリア上でその人を積極的に他者に紹介したり、照会先になるというのは、なかなか難しいように思えます。就業をして3年、5年と仕事に取り組んできたならおぼろげにも、また10年、15年と職務経験を経てきたなら、相当に明瞭に自分の生涯のキャリアの一時期を捧げて長期的に取り組みたいことや、成りたい自分の姿というものを持ち始めていると思います。もしも、まだそれほど意識をしたことがないのであれば、自分をブランド化することを機会に一度じっくりと自分の歩んできたキャリアの道を振り返り、大体7年程度先の自分のキャリア上のゴールは何か、成りたい自分は誰かについて、真剣に考えてみることをお勧めしたいと思います。

　ところで、自分自身の理念を構成するゴールを作るにあたって企業理念

を参考にする場合は企業の内部に目が向いている社是やクレド（信条）等よりは、社内外の両面を睨んだ使命やパーパスが参考になるでしょう。一般的には、企業理念や経営理念における使命（ミッション）は、期限を設定しない非常に長期にわたる期間で成就したい思いや目標と考えられます。また、パーパスも、志とも呼ばれるくらい抽象性が高い長期的目標ともいえるでしょうが、使命との大きな違いは、企業内からの視点対社会からの視点ということになるでしょう。つまり、パーパスとは、社会視点での当該企業の社会における存在価値や意義を示すわけです。従って、パーソナルキャリアブランドを作るための構成要素としてのゴールを設定する場合は、使命という視点であろうと、パーパスという視点であろうと、どちらでもブランド化する本人が表現したいスタンスに近い方を参考にすればよいという考え方をとっています。

　ゴールへの思いや真剣度はブランド化しようとしている本人が決定をすればよいと思いますが、実際に自分で作成する際には、特に創業者型企業の企業理念や経営理念を参考にすることが一番の近道であると思います。その理由は、創業者によって創立され現在もその影響が残っている企業においては、その創業社長のライフストーリーがそのまま企業理念や経営理念、特に使命に反映されている場合が多く、それは企業の使命であると同時に創業者という個人の使命の延長でもあり、更に創業者という個人のパーソナルブランドの拡張版でもあると解釈できるからです。実際、創業から一定期間の間は、企業ブランド＝創業者ブランド、経営理念＝創業者経営理念でもあったといえるでしょう。そのライフストーリーには、想像を絶するような失敗や苦労が多く絡んでおり、月並みではない辛抱、忍耐が底辺に存在しますが、それと同時に、痺れるような成功のストーリーも見え隠れして大変感動する場合が多いように思います。そこで我々が人のブランド化を行う場合、是非こうした創業者型企業のミッションを手本にしたいと思っているわけです。様々な創業者のライフストーリー（もちろ

ん、現役の創業者の方々のストーリーも含みます）を読みこなし、そこから、創業者が現在の「使命」となっているストーリーや言葉をどの様にして紡ぎ出したかを注意深く探るのは、自分自身のゴールを作るために非常に参考になります。「使命」として位置付けるほど、何故執着したのか、どのような出来事や事件或いは転機があったのかに注目をすることで大きなヒントを得られます。

　企業理念やパーパス、そして企業ブランドについては各社の企業サイトに詳しく掲載されていますので、自分自身のブランド作りのための事例探しには困ることは無いと思います。そのスタイルや形式についてはテンプレートがあるようでいて無い、という状況ですので各社の取り組み方、姿勢そして表現手法についても興味深く見ることができると思います。各々の会社には、企業理念作りの歴史に大きな違いがあり、特に昔から取り組んでいる企業では、過去からの様々な成果物が各々素晴らしいことも反映して、更新していく中での入替が済んでおらず、やや混乱しているような印象を受ける場合もあります。しかし、その根底に時空を超えた一貫性を発見することもありますので、自分にとっての学びという点を重視して味わって頂くとよいと思います。各社の理念やパーパスの主語を、"私"に変えて読んでいくことで、自分のブランド化のイメージが具体的に浮かんでくると思います。

　ところで、どのような会社を参考にしたらよいかという点で迷いがあるかもしれませんが、既述のように各社各様の歴史や背景もありますので、どこが優れていてどこが劣っているかということは無いと思います。自分で興味のある会社を選んで研究材料とさせて頂くのがよいと思います。とはいえ、気が付かないうちに偏向してしまう可能性もありますので、視野を広げて自分のブランド作りの参考となる会社を選ぶ際には、例えばインターブランドジャパンが毎年実施している日本企業のブランド価値ランキング（Best Japan Brands）のベスト100あたりを参考にしたら如何で

しょうか？このランキングの一部は Web 上で公開されていますので、是非ご覧頂ければと思います。

　ここでは、人のブランド化という視点から、個人的に創業者の息吹が感じられるブランドとして任意に 4 つの企業を取り上げてみましたので簡単に紹介したいと思います。なお、各社の経営理念や企業理念を、企業サイトから引用をすると、引用が冗長になる可能性がありますし、また各社の表現上のトーン＆マナーも味わって頂きたいので、主に個人的な感想と企業サイトのアドレスのみを掲げておきます。また、今日のスタイルとして活字よりはご自身のスマートフォンで企業サイトを訪問する方が好まれるでしょう。なお、以下に示した各企業の URL は 2023 年 12 月現在のもので、出版時点以降変更されている場合もあります。

◆ ソニーグループ株式会社

　ソニーグループは、日本の企業としては一早くパーパスを企業の理念や哲学の柱としておいた企業です。"Sony's Purpose & Values" として表明されています。パーパスの事例として、学ぶところが多いと思いますので是非、参照してください。

参照推奨：https://www.sony.com/ja/SonyInfo/CorporateInfo/

（2023 年 12 月現在）

ところで、1946 年の創業時に、創業者のひとりである井深大が起草した「東京通信工業株式会社設立趣意書」に記された会社設立の目的である有名なフレーズが、「" 自由闊達にして愉快なる理想工場 " を建設し、技術を通じて日本の文化に貢献すること」

引用元：https://www.sony.com/ja/SonyInfo/CorporateInfo/History/

（2023 年 12 月現在）

でした。このフレーズの精神の中に、正に、今日の Purpose として掲げられている「クリエイティビティとテクノロジーの力」そして、価値感と

して掲げられた「夢と好奇心から、未来を拓く」の原点を見る思いがします。

引用元：https://www.sony.com/ja/SonyInfo/CorporateInfo/

（2023 年 12 月現在）

もちろん、ソニーグループの Purpose & Values には、そのような関連性については全く触れていませんのであくまでも私の思い過ぎかもしれませんが、個人的な印象を述べさせて頂きました。

◆ 株式会社ブリヂストン

　ここでは、企業理念ではなく、企業ブランディングを紹介します。ブリヂストンはブランドメッセージとして「Solutions for your journey, ブリヂストンは、新たな価値で社会を支える、サステナブルなソリューションカンパニーへと進み始めます」と発信しています。このメッセージに至ったストーリーの中で、「高い品質のタイヤやゴム製品をつくり、人々の安心な移動や生活を支えていく―社会を「支える」。それは創業以来変わらぬブリヂストンの思いです。」と述べられており、更に、ビデオメッセージの冒頭には、「ブリヂストンは最高の品質で社会に貢献することを使命に掲げ」というフレーズで始まります。「最高の品質で社会に貢献」は、現在もブリヂストンの企業理念の中で、「使命」として掲げられている創業者、石橋正二郎の名言です。創業者精神を綿々と引き継ぎながら、進化している決意と方針が、最初に触れたストーリーに明解に示されていると思います。是非、参照してみてください。

引用元及び参照推薦：https://www.bridgestone.co.jp/corporate/brand/

（2023 年 12 月現在）

◆ 株式会社ファーストリテイリング

　創業者のフィロソフィーがミッションにダイレクトに反映されていると思う事例です。企業サイトにはトップメッセージとして、非常に解りやす

く、また強く、思いや使命が語られています。内容そして文章とも素晴らしいお手本になると思いますので、是非企業サイトを訪れて下さい。

参照推奨：https://www.fastretailing.com/jp/about/message/

（2023 年 12 月現在）

更に、FAST RETAILING WAY（FR グループ企業理念）についても、お手本にしてください。企業サイト上では、ボタンをクリックすることでフルセンテンスを読むことができます。是非、このファーストリテイリンググループのミッションの全文をご覧ください。自身のブランド化におけるブランドメッセージを作成するために、素晴らしいお手本になると思います。是非、企業サイトを訪問してみてください。

参照推薦：https://www.fastretailing.com/jp/about/frway/

（2023 年 12 月現在）

◆ 株式会社ニトリホールディングス

　この事例は、創業者のロマンが未だに強く感じられる企業理念です。特に、最初のトップメッセージから創業当時の熱い思いが手に取るように感じられます。文章作成の貴重な参考になるでしょう。

参照推奨：https://www.nitorihd.co.jp/about_us/message.html

（2023 年 12 月現在）

また、ニトリグループ（株式会社ニトリも同じ内容ですが）の理念で特に興味深いのがビジョンの表現で、教科書的な表現をするならば、ビジョンは、ミッションやパーパスの内容を実現するための過程を表す内容と言われていますが、数字を示して非常に具体的に、そのステップを表現しています。

参照推奨：https://www.nitorihd.co.jp/division/philosophy.html

（2023 年 12 月現在）

トップメッセージの中でのご自身のロマンのストーリーテリング、また、

それを、「ロマン」としてショートセンテンスへとまとめる表現法、更には、ビジョンの具体的な示し方も非常に勉強になるのではないでしょうか？また、個人的に感心したのは、そのキャッチコピー（フレーズ）の「お、ねだん以上」で、聞いているとピンと来ないのですが、"お、"というところに、読点が入っていることで感動や驚きが伝わってきますね。個人的な感想ですが、創業者の独特のユーモアが感じられてブランドのパーソナリティの表現にも一役買っているように感じました。

　ここまでで、マスターブランドを構成する要素としてのゴールのコンセプトについては、大体把握できたと思いますので、次にそれでは一体どのようにしてゴールを作るかについて簡潔に検討してみましょう。図表1に示したように、マスターブランドは「情報の収集と確定」で整理された情報を材料として作成していきます。また、主な内容は本人のライフストーリーから抽出します。ライフストーリーは本人のキャリアに関連する人生における様々な出来事や経験を、本来は対話形式で整理していくものですが、本書では本人の中での自問自答で整理をしていこうとしています。そのライフストーリーの自問自答を助けて、パーソナルキャリブランド作りのための情報を整理するために本書で作ったものが "MY PPF" シート（図表2）です、と前節で説明しました。

　7年間前後の期間、探求していくゴールですからゴールを設定しようとした日の気分とか、最近、興味を惹かれたニュースであるとか、今、はやっているようだ等々の「パッと」閃いた内容では実施プロセスの途中で挫折する可能性があります。一応、心に留めておく必要があるのは、これから設定しようとしているマスターブランドの構成要因としてのゴールは、自分自身のパーソナルキャリアブランドの中核に位置するもので、ブランドメッセージという形で自分のステークホルダーに発信するものである、ということです。一般的には、ブランドとして発信するという意味

は、発信対象者に対して約束をする、とう意味にもなります。自分のパーソナルキャリアブランドについて、話したことがある人と久しぶりに再会して、「そういえば、以前、お会いしたときにおっしゃっていた○○（ゴールのこと）、順調に進んでますか？」聞かれるかもしれません。そのときにタジタジにならないように、きちっとステップを踏んでゴール設定をしたいものです。

　そこで、主に MY PPF として整理された情報に基づいて、次のようなステップでマスターブランドのゴールを設定していきます：

① MY PPF から、ゴールになりそうな候補を以下の内容からリストアップします：

- 成功体験から（何故、それを成功だと思ったか、そのときの気分は？、何が成功要因だったか？等を）自問自答してみる。
- 重要な出来事（転機となった出来事）。これは、創業者の語りによく出てくる内容です。
- 一貫して持っている興味／情熱（その理由を自問自答していると本質を発見するかもしれません）
- MY PPF の未来領域に記入した自分の未来のありたい姿

②①でリストアップした内容に以下の視点で優先順位をつけてみる：

- MY PPF で確定した「大切なこと」、つまり、自分の価値観にあっているかどうか？
- 長期間（7 年間前後）に見合う大きさがあるかどうか？
  日常的に取り組んでいる業務の延長ではない、ビッグピクチャー（全体像）を持っているかどうか？
- 達成へのステップが見えるか？障害物は何で、現在或いは将来手に入れる見込みがあるリソースで対応できるかどうか？

- 現在の仕事とのレレバンス（関連性）が、どの程度あるか？全くない場合も、それを理由として排除する必要はありませんが、知識、経験、人脈等で負担が大きくなる可能性も否定できません
- 心からコミットできるか？長期的に燃え尽きない情熱とロジックの両面でコミットできるゴールか
- ストーリー性はあるか？テーマ性はあるか？ブランドメッセージとして耐える深さはあるか？

　以上の流れで、リストアップしたゴールの候補から１つマスターブランドのゴールを選び出すことになります。なかなか、決めきれないかもしれませんし、逆に適当なゴールが選べないかもしれません。その場合は、他の選択基準を使用することも考えられますし、或いは MY PPF そのものを見直す必要があるかもしれません。また、すんなり選べたと思っても実際に達成するためのプロセスを検討し始めて、致命的な障害物を発見するかもしれませんので、いつでも選抜過程には戻れるという気楽さで、とりあえず選抜したゴールを携えてマスターブランドの２番目の構成要素であるプロセスへと進むという程度の気楽さで取組むのがよいと思いますが、できるだけ選定過程をスッキリとさせるために、加重平均法による選抜方法を図表４のゴール候補比較表例に掲載しておきます。この加重平均法による選抜方法は非常にポピュラーな方法ですのでご存知かもしれませんが、一応、手順を示しておくと：

①記述の優先順位を決定するための各項目（上記では６つ）の相対的な重さを決定する。％ で決定しますが、６つに割り当てる％ の合計が１００％ となるように各項目に％ を割り振ります（加重します）。

②各項目についての評価をスコア化するために、１〜５ 或いは １〜７ のリッカートスケール（尺度）を設定する。図表では、５ 段階のスケールを示してあります。

③ゴール候補の各々について、スケールを使って点数をつけます。

評価基準	価値観		ビッグピクチャー		実現可能性		レレバンス		コミットメント		ストーリー性		加重平均値	
加重%	%		%		%		%		%		%			
	素点	W.A.	素点	W.A.	素点	W.A.	素点	W.A.	素点	W.A.	素点	W.A.	合計 W.A.	/100
候補　A														
候補　B														
候補　C														
n														

尺度：
非常に高い	5
高い	4
どちらでもない	3
低い	2
非常に低い	1

注：W.A. ＝加重平均値
手順：①各評価基準項目の重さを%で置く。全項目の合計は 100%
　　　②各候補について、評価基準について尺度を使って評価する（素点を記入する）
　　　③各評価基準の W.A. 欄に、素点に評価基準の%をかけた数字を記入する
　　　④横に、全ての W.A. 値を合計して加重平均値の合計 W.A. 欄に置く、その横の欄
　　　　に 100 で除した数字を入れる
　　　⑤加重平均値の最も高い候補が有力候補となる

図表 4　ゴール候補比較表例

④つけた点数に該当する項目の相対的な重要度である% を掛けて、そ
のゴール候補について、% を掛けた各項目のスコアの合計を出し、
100 で割って合計加重平均スコアとします。

⑤最終的には、合計加重平均スコアの最も高いゴール候補が優先順位で
トップと考えられますので、その候補を選択する方向で検討します。

加重平均法を過去に実施をされた経験のある方は、お解りかもしれませ
んが、期待するほど明確な差が出にくいかもしれません。その場合は、5
段階ではなく 7 段階で評価するのもよいかもしれませんが、今度は、例
えば、5 点と 6 点の差をどうつけるか、といった迷いが出て結局は 2 段
階増やした意味がなくなるかもしれません。候補から選択する方法には、
もっと、容易で感覚的なものもあります。例えば、自分が￥10,000 所
持していて、それを分散して、候補に金額をつけるというようなゲーム感
覚のものもあります。一番、高い値をつけた候補を選ぶというわけです。
自分 1 人で決定すればよいわけですから、それほど厳密な手法を使う必

要もないのでしょうが、1人だから逆に客観的な方法で選択する必要があるともいえるかもしれません。それでは1つのゴール候補を選択したと仮定して、マスターブランドの2番目の構成要素であるプロセスへと進みましょう。

第2項　プロセス

　プロセスについてゴールと同様に MVV の例えで言うと、2番目の V であるビジョンに相当する位置にあります。MVV におけるビジョンは、ミッションが達成されたときの姿であるとか、理想像、そしてミッションを目指す中での中期計画といった位置付けが一般的にはされているようです。ただ、本書ではマスターブランドのゴールで説明した通り、形式としては MVV を手本としますが内容は必ずしも同じではない、というスタンスをとっています。実際マスターブランドのゴールはミッションとは全く次元が異なり、内容としても期間としてもより身近な内容としました。企業の寿命は、20〜30年と言われていますが、それでも経営の基本はゴーイングコンサーン（継続）の原則で運営されるべき社会的な公器です。そこで、特に期間を定めない目標である使命や、社会的な価値であるパーパスを経営の理念や哲学におくことは必要であると思われます。20年〜30年の間にも、数多くの経営陣そして非常に多くの数の社員が関与して組織を運営するわけですから、人が入れ替わってもぶれることのない追求すべき社会における任務や役割、或いは、あるべき姿を定めて経営の根幹として一貫性を持って追求していくことが必要でしょう。

　一方、企業に比較すれば、遥かに環境の変化に大きな影響を受けやすく、また、資源も限られており、（協力者は得られるとしても）1人で実現していく個人にとって、そのキャリアの全期間を通して、もしくは全期間を賭けて達成すべき役割や任務を自ら定めることは、相当困難であり、ま

た、リスキーとも思われます。という理由で使命（Mission）ではなく長期的に達成したいゴールを形式としての MVV の M のポジションに置いているわけです。もちろん、使命に類似するような内容のゴールを設定して、例えば、7 年毎に見直して継続していくというようなアプローチも否定するつもりはありません。むしろ、最近の風潮ではパーパスのような社会視点から定めた自分自身のあるべき姿を設定して、それについてキャリアを通じたゴールとして追及していくという方が、アピーリング（訴求力がある）な自分ブランドになるかもしれませんね。

　話をプロセスに戻すと、マスターブランドのプロセスの方は、それほど、MVV のビジョンとの距離が無いかもしれません。ビジョンを理想の姿と位置付けている企業も多いのは確かですが、実現までの期限を定めない使命を達成するために、例えば直近の 5 年間という期間を設定して、どのようなステップで使命へと近づくのかを表す構成要素や、項目のブレークダウンを示している場合、或いは、もっと厳密な具体的な達成目標値を伴う文字通りの中期計画を設定している企業も多いでしょう。パーソナルキャリアブランドのマスターブランドのプロセスは、定めたゴールと、そのゴールに関連する現在の自分自身の状態との間のギャップを確定して、そのギャップを埋めるためのステップとして位置付けたいと思います。

　ビジョニング＆ギャップ分析は、ファシリテーションの現場等でよく使われる手法です。ゴール設定はすでに済んでいますので、そのゴールに対する現在の状態を明確にすることから始めます。ここが、ゴール設定のところで強調した現在の仕事とのレレバンス（関連性）が、どの程度あるか？という視点が重要なところで、現状と全く関連性の無いゴールを設定するということは、この現状が「無」というところから出発することになります。単に「無」であればまだしも、何が不足しているか、何が障害物なのか、必要なリソースは何なのかさえ見当がつかないということになれば、「マイナス」からの出発ということになります。ということも意識をして、

すでに一定以上の馴染みのある分野において7年前後で到達するゴールを設定したとすれば、そのギャップを推測することは充分に可能であると思います。ギャップは、課題、障害物、ハードル、壁というような表現もされるものです。ここは、基本的にはMECEのツリーを書いていくという手順ですすめるのがよいでしょう。MECEはご存知の通り重複やもれがなく課題を書き出していくための思考方法ですが、デシジョンツリーのような形態で、ツリーを書いていくことで明確になるでしょう。もちろん、マスターブランドのゴールをKGI（経営目標達成指標）としてKPI（重要業績評価指標）を設定していくという方法もあるでしょうが、2つの点であまり推奨できません。それは、KGIという発想になった途端にビッグピクチャーが、かすんでしまうと思うからです。「長期的」という期間が、今の感覚では（おそらく実質的にも）短縮されたとして、7年間にしても相当な期間ではあります。この期間を通して、そして期間を投資して達成しようとするゴールがKGIという枠組みで語られると日常的なビジネスマネジメントになってしまい、矮小化されてしまう印象があります。また、2つ目の理由はゴールをKGIと置いたとしても、実務的には7年分のKPIを最初から設定するのは厳しい（困難な）ような気もします。そもそも、ゴールがプロセスを決定すると共に、プロセスがゴールを規定するという側面も持っていますので、マスターブランドのゴールのためには、もう少し緩やかで長い間続けていけるようなプロセスを設定した方がよいでしょう。以上のような理由を考えて、ギャップ分析で抽出したゴール到達のためにクリアすべき項目はCSF（Critical Success Factor）－重要な成功要因として捉えて、ゴールから枝分かれをするツリーをイメージしたらどうでしょうか？KPIは基本的に測定可能なIndices（指標）ですが、CSFはFactor(s)であり指標でなくても構いません。そして、これらのCSFをマイルストーンとして7年間前後の時間軸においていくことによって、ゴール到達までのロードマップを作るという設計をすれば充分で

しょう。

　ところで、例えば現在、外資系企業でブランドマネジャーをしている人が、7年後の姿として外資系企業の日本支社の社長になっているとか、海外にある本社のアジア地区担当VPになっている、という場合は7年間という期間設定はおそらく適当であると考えられますし、そのためのCSFの抽出も現実的に行えるでしょう。一方、日本の某上場企業に勤めている26歳の人が7年後の姿としてスタンフォード大学のMBAを取得している、とした場合7年はやや長すぎるかもしれません。おそらく5年程度が適当でしょう。この場合は7年にこだわることなく、5年というタイムスパンでプロセスを書いてもよいでしょう。或いは、この人の場合は7年後にFortune 100の上位に入るグローバル企業でOO部門のVPになると置いて、スタンフォード大学のMBAの取得をCSFにおいてもよいかもしれません。他にも資格系での目標、例えば米国CPAの取得をゴールに置く場合も、7年という期間は長すぎるかもしれませんので「長期的」の期間を7年よりも短縮するか取得後の姿をゴールにおいてもよいでしょう。いずれにせよ自分にとってチャレンジングであり、キャリアにおいて深い意味を持つものであれば、7年間よりも短期間でマスターブランドのゴールとして設定してもよいと思います。前述のように、5年後にスタンフォード大学のMBAを取得することをゴールにして、更に5年間で達成する新たなゴールを設定してキャリアを積み重ねていく姿は、充分にパーソナルキャリアブランドのストーリーになるのではないでしょうか？

　さて、7年間の時間軸にマイルストーンを置いたら、確実にゴールに到達するためには、別建てで各CSFについて更にそのためのCSFを書き出し2年間程度の課題を書き出して行動計画を作ることもよいでしょう。そして、最終的には直近1年間については、当該年度にクリアする必要のある各CSFについて、行動を管理できる程度（各項目にかかる所

要時間を見積もれる程度）までの細かさに課題を分解します。一般的には WBS（Work Breakdown Structure）－作業分析構造図、と呼ばれることに近いものでしょう。そして、この WBS に準じる手法で導き出した各項目をガントチャートに落とし込む（クリティカルパスも意識しながら）というステップでマスターブランドのプロセスを設定するという方法も考えられます。ただ、WBS やガントチャートの発想は、複数の人々で構成するチームのプロジェクトマネジメントから来ていますので、全て自分自身で進めて行くマスターブランドのプロセスでは、それ程厳密なものは必要ないでしょう。最初は意気込んでいますが、あまり厳格な管理を強いると仕事の方で日常的な業務に追われる中で段々と負担感が高まってきて、結局は挫折することにもなりかねませんので、忘れずに継続できるようにするための自分自身にとってのリファレンスツール程度で捉えておくとよいでしょう。とはいえ、定性的な管理はできるように、開始日、締切日、達成度（或いは進捗度）（%）、程度は把握できるようにしておきましょう。おそらく、多くの方々は日常業務の中でガントチャートか、それに準ずるような手法でプロジェクト管理をされていて馴染みがあると思いますので、このマスターブランドのプロセスについても、仕事上よりは簡易なものとして生活に取り入れていけるかもしれません。１つ配慮が必要な点は、ガントチャートのようなものを作成すると、それを記入したことでプロジェクトが達成できたような錯覚を起こすことです。管理者が自分の場合には、ついつい進捗の管理が甘くなりがちですので簡易的な行動計画を採用している場合でも、せめて各 CSF の所要期間の管理程度だけは必ず実行をしましょう。このプロセスの進捗の状況は、後々のブランドのストーリー或いは逸話として盛り込めるものですので、その点も意識をしてメリハリをつけたものにしたいと思います。

　要約すると、プロセス管理の基本は現状とゴールとの間のギャップを埋める行動の管理で、それはギャップ分析に基づき抽出した CSF の連鎖を

設定することによって示す長期的なロードマップを設定期間通りに歩んでいく管理です。長期的に全ての CSF を設定し管理することは困難ですが、2 年程度先の見える期間については、ロードマップ上の CSF を分解した CSF を設定して、より細かい行動管理をすることも効果があるでしょう。

第 3 項　バリュー

　マスターブランドの構成要素として 3 番目はバリューです。おそらく、企業理念や経営理念における MVV の概念と最も近いのが、このバリューでしょう。MVV のバリューとは、一般的には使命を果たすための HOW に関わるところで、組織としてどのように意思決定と行動決定をするかの価値基準ということでしょう。企業における社員という視点で見れば、行動規範や行動指針になるものです。大規模なグローバル企業になれば、全世界で従業員数が 10 万人を超えるというのも珍しくはないことで、いくら崇高なミッションやビジョンを掲げたとしても、それを実際に具現化する社員たちの意思決定や行動決定を下す価値基準がバラバラでは、企業としての一貫性や整合性を維持することができません。例えば、日本に本社を持つグローバル企業では、日本国内での倫理観や習慣をそのまま海外に持ち込むことはできません。各々の国における多様性を尊重しながらも、企業として一貫性があり整合性がある行動基準を設定して、世界中で遵守をする必要があります。こうした価値基準を共有していないと、世界中の各地で様々なフリクションを起こす可能性が高くなります。そこで、ほぼ全ての企業で MVV の一環として或いは別に明瞭に行動指針や規範を定めています。バリューについては、企業のバリューがマスターブランドのバリューを作るための直接的な参考になると思いますので、あらためて企業におけるビジョンや行動規範の例を参照して頂きたいと思います。まずは、すでに紹介をしたソニーグループから見てみましょう。以下に示した

各企業の URL は 2023 年 12 月現在のもので、出版時点以降変更されている場合もあります。

◆ ソニーグループ株式会社

　すでに、前項で紹介していますので、そちらの Values（価値観）をご覧ください。パーパスを、Values で示した 4 つの行動基準に従って行動する構造が分かると思います。

参照推奨：https://www.sony.com/ja/SonyInfo/CorporateInfo/purpose_
　　　　　and_values/

（2023 年 12 月現在）

◆ 株式会社ブリヂストン

　前項では企業理念の全ては示しませんでしたが、ブリヂストンの企業理念は使命と心構えから成り立っています。使命については、既述のように「最高の品質で社会に貢献」で、それに続く「心構え」は、この使命を果たすための行動指針として解釈できるでしょう。

引用元及び推奨推薦：https://www.bridgestone.co.jp/corporate/manage/
　　　　　　　　　　philosophy/

（2023 年 12 月現在）

内容については是非企業サイトをご覧ください。四字熟語の形式に凝縮された覚えやすく実用的な行動指針（規範）になっていると思います。一つ一つは深く、勘所を捉えていながら覚えやすいという作り方は参考にしたいところです。

◆ 株式会社三越伊勢丹ホールディングス

　接客を伴う事業を中心とする企業グループのバリューも参考にしたいと思います。三越伊勢丹グループの企業理念は、伝統的な MVV から成り

立っています。ここで、是非参照して頂きたいのが以下のサイトに置いてある三越伊勢丹グループの企業理念ガイドです。この老舗中の老舗の百貨店達によって構成されるグループの企業理念の全従業員が参加した再整理プロセスについても知ることができます。Values の内容も具体的で分りやすく参考になるでしょう。

参照推奨：https://www.imhds.co.jp/ja/company/philosophy.html

（2023 年 12 月現在）

ゴールのときと同様、私なりに事例を選んでみましたが、Value 或いは行動指針や行動規範として参考になる事例が溢れていると思いますので、是非、各社、各グループ会社の企業サイトを訪問してみてください。

　パーソナルキャリアブランドのマスターブランドを構成するバリューについては、伝統的な MVV と同じようなコンセプトで作成をしてもよいと思いますので、まずは企業或いは企業グループの企業理念の Web サイトを訪問して、バリューや行動指針／規範を沢山集めて、それらの視点や表現、ミッションやビジョンとの関連付けについて研究をしてみてください。ただ、本書のマスターブランドが長期的に目指すゴールは、使命と違って time-bound（期限つき）のゴールですから行動指針についても、無期限の使命への行動指針よりは、具体的なものになるだろうと思います。すでに何回か言及しています MY PPF シートに整理され（した）項目の中で、特に成功ストーリーについて、なぜ成功したと思うのか、どのような基準で意思決定や行動決定をしたのか、同じような意思決定の場面に遭遇した場合、同様な基準を使用するのか、それは何故か、ということを自問自答してみてください。そして、そこから導き出せる自分ならではの「成功法則」を確定しましょう。自分の成功法則には、自分が守ってきた意思決定や行動決定のエッセンスが詰まっていますので、そこから自分自身の行動基準や行動規範を導き出せるでしょう。また併せて、MY PPF シートに記入した「大切なこと」に着目をしましょう。どのような文脈で、

何に関連して、どういう理由で大切なこと、と思ったのでしょうか？これからも、未来に向かって大切にしたいですか？それは、何故ですか？以上のような自問自答を、スマートフォンや PC にメモ書きをしてもよいですし、録音をしてもよいでしょう。

　「大切にしていること」と「成功法則」を導き出したら、図表5のような考え方でバリュー（行動規範）を導き出します。図表5は考え方を図にしたものですから、必ずしもこの表を使用する必要はありませんが A3 程度の大きな紙に図表5のように、最上段に「ゴール」を置き、その下にそのゴールに到達するためにクリアすべき CSF を並べて、各 CSF をクリアするために自分自身が持つべき心構えと取組み方（取組の方法）を確定します。この心構えと取り組み方は一番下に置いてある「大切にしていること」と「（自分の）成功法則」から導き出すものです。全ての CSF について

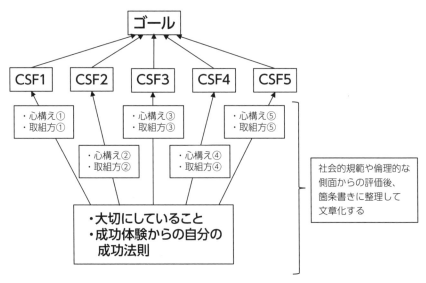

注：CSF はゴールに向かう時間軸上に布置されますが、ここでは分類の表現にしてあります。

図表5　バリュー（行動規範）の作り方の例

心構えと取組方を書き出したら、その一つ一つについて社会的規範や倫理的な側面に照らし合わせて問題がないかをチェックします。問題が無ければ、「大切にしていること」、「成功法則」、「各CSFの心構えと取組方」を整理して幾つかの項目にまとめ上げましょう。もう一度、これらは社会的或いは道徳上の問題点や矛盾点はないですか？自分の価値体系を全体的に反映したものですか？自らプロアクティブにそして継続して守っていくことができる基準ですか？というような自問自答を繰り返します。この自分への質問をクリアすれば、これがマスターブランドを構成するバリューとしての自分ならではの行動規範となります。

第4項　補強として考慮すべき要素と全体のまとめ

　第3項までの内容は、主にMY PPFシートを利用して自分自身について自問自答で語ったライフストーリーに基づく情報を、客観的な視点も重視しながらロジカルに組み立ててきました。企業理念や経営理念、更には、それを反映した企業ブランドを参考にして、形を整えるように進んできましたので客観的にかなり完成度の高いものになったと思います。まさに、それが開発の基本方針であったわけで、そのように作成をされていれば相当質の高い内容になったと思います。この項では、この核となる内容に加えて3つの視点でマスターブランドを補強しようと思います。3つとは、対象オーディエンスにとってのレレバンス、個性的訴求点、逸話選集です。

　1番目の対象オーディエンスにとってのレレバンスですが、パーソナルキャリアブランドのゴールは企業ブランドの使命と比べて非常に個人的なテーマになる場合が多いということに起因する課題です。比較的広範なターゲットに発信をする企業ブランドでありながら、サステナビリティをテーマとする使命を掲げる企業に対しては興味を持ったり賛同をする人々

は多く存在するでしょう。対象オーディエンスの人々にとってレレバンスを感ずる、つまり自分のこととして当該企業の使命に興味を持ってくれることになります。一方、やはり対象者を絞っていないオーディエンスに対して7年後にハーバードでMBAを取得するという極めて個人的なゴールを発信した結果、レレバンスを感じて共感を持つ人はどれほど居るでしょうか？「まあ、頑張ってね！」という反応が得られれば上出来というところでしょうか？そこで、パーパスという視点でゴールを作った場合はともかくとして、極めて個人的な視点からゴールを設定している場合は、対象オーディエンスを想定して味付けを施すという工夫もマスターブランド作成の中に入れておく必要があります。パーソナルキャリアブランドを構成するゴールですからそこには最初からキャリアアップに繋がるゴール設定をするという狙いが存在しています。単純に他者に自分の目標を発表して自分にプレッシャーを与えるというような目的とは異質なものです。

　そこで非常に広範な対象オーディエンスを設定しているとはいえ、そこに隠れたターゲットを設定するということが必要になります。広範なターゲットをプライマリーターゲットとして、それに加えてより特定した対象オーディエンスをセカンダリーターゲットとして設定してもよいでしょう。次に自分のゴールが達成されたときにそのターゲットがどのようなベネフィットを得られるかを書き出します。これはそれほど難しことではないでしょう。というのは到達したい姿の中には（暗黙に）すでに対象としてのターゲットが盛り込まれており、そのベネフィットについても意識しているはずだからです。単純に明確化をすればよいだけです。先ほどのハーバードのMBAの取得というゴールであれば、暗黙のターゲットオーディエンスはグローバルな企業のトップマネジメントやコンサルティング会社のアソシエイツそしてHRMの採用担当者というところでしょうか？グローバルなエグゼクティブサーチファームも対象となるかもしれません。彼らにとってのベネフィットは、最先端のマネジメント技術や知識

を得られること、当事者がハーバードで得たグローバルな人的ネットワーク、もちろん当事者のコンピテンスなどでしょう。そこでマスターブランドを作成する際に自分のゴールを達成した結果としての社会的（個人を超えて、という意味）な貢献として、前述の（暗黙の／セカンダリー）対象オーディエンスが得られるようなベネフィットをストーリーに入れ込んでおくことが必要になるでしょう。こうした味付けをマスターブランドに入れておくことで、暗黙の対象オーディエンスがレレバンスを感じるマスターブランドとすることができます。しかし過剰に入れすぎるとターゲットが絞られ過ぎて、無視される人々の範囲が拡大するというおそれがありますので注意が必要です。あくまでも総合的な人としての魅力を理解して頂くためのマスターブランドであることに留意したいものです。

　２番目の補強として考慮すべき要素は個性的訴求点です。マスターブランドは自分自身のユニークな MY PPF に基づき作成されているので他者に対する競争優位性をすでに持っています。しかし人のブランドを色彩豊かにするのは、MY PPF から導き出したストーリーを語る以前に各自それぞれが持っている魅力的な個性です。これはパーソナルブランディングと非常に近いカテゴリーであるインプレッションマネジメントと呼ばれる人が他者に与える印象に関する範疇でしょう。ブランド化をしようとしている個人が自分で信じている又は、よく人から言われるような一味違った特徴で、その人の持っている人間味あふれる魅力が伝わるような点や特徴が個性的訴求点です。

　場合によっては個性的訴求点そのものが、ブランドメッセージに組み込まれる必要はありませんし、コミュニケーションのスタイルやスキルであってマスターブランドの構成要素の中には収まりきれないことも含んでいるかもしれません。従って個性的訴求点は曖昧な面もありますが、ブランド化される当人ならではのブランド作りに役立つ特徴であれば、何でも含めるというスタンスで考えています。では、個性的訴求点となりうるの

はどのようなモノやコトなのでしょうか？昔、米国でステーショナリー
ショップやギフトショップを訪問すると、自分の名前やイニシャルを入れ
ることができるレターセットやメモ帳等がバラエティー豊かに販売されて
いるのを見てビックリした思い出があります。今では、もちろん、気軽に
特注できる様々な文具店等（実店舗とオンラインショップ）が身近に沢山
ありますね。パーソナルブランディングに関連して、このようなクラシッ
クな文房具、筆記用具等の日常的な身の回りのモノに自分の名前を入れる
ことで個性を演出することから、更に拡大してインスタグラムへの投稿、
YouTube への動画投稿、e-ポートフォリオ作成等をも含めた「人が作り
出した多種多様のモノ／作品」を凡そ "artifact" として取り上げて、ブラ
ンディングに使用することの意味や効果を述べている文献もあります。こ
こでは、それほど広げすぎなくても、最初に述べたような名前やイニシャ
ル入りの文具類のような、パーソナライズドアイテムを自分で用意するこ
ともマスターブランドを演出する要素の一つ、つまり個性的訴求点として
付け加えてもよいでしょう。また、例えば自身のブランド化の機会である
と思うような会合や場所に参加するときは、自分らしさを演出した一貫し
たファッション、カラーコーディネートで出かけるといった工夫も個性的
訴求点になるでしょう。例えばスティーブ・ジョブズと聞いて、3ピース
のスーツ姿を思い浮かべる人は居ないでしょう、ノームコア（究極の標準
或いは普通）であるリーバイス 501 をはいているのがジョブズですね。
その他持ち物やアクセサリーなど、嫌みにならない程度という難しい条件
付きですが、モノの力を借りて自分のブランドのパーソナルタッチを加え
るのもよいでしょう。

　更には、無形のコトになってしまいますが、同様に個人的な特徴を出し
やすいコトは沢山あるでしょう。例えば以下、各々について訓練が必要だ
とは思いますが、自分らしい（後述のパーソナリティらしい）スマイル、
声のトーン、話し方、プレゼンテーションでの身のこなし方、等々、それ

が自分自身の名前と連動されてポジティブに記憶されるものであれば、個性的訴求点として活用していくことが勧められます。「XX さんのプレゼン、上手だったな」、とか、「OO さんの話はすごく聞きやすくて、スッと頭に入った」というのは、プレゼンを受けた A さんの記憶体系で「XX さん＝プレゼンが上手」という関係で定着すれば逆の連想「プレゼンといえば＝ XX さん」となる可能性が高くなると考えられます。

　ところで、個性的訴求点を見つけるにはどうするか？ということですが、これについても、MY PPF シートの中で、例えば成功要因について、「何故？何故？」の自問自答を繰り返していったら、自分のプレゼンの上手さが成功要因の一つだった、といった発見にたどりつくかもしれません。また自分のブランド化のための準備を始める前にお願いしている事前調査で、自分を知っている人達に尋ねる「自分の強み」や、Big 5（Goldberg（1990））に基づくパーソナリティの簡潔な調査から分かる自分の特徴の中にヒントが潜んでいるかもしれません。更には、図表１の「①情報の収集と選定」の中の「その他リソースの選定」で見つけ出した自分のケイパビリティ、スキル、資格の関連の中でも、「マスターブランドのゴール、プロセス、バリューには直接関連しないけれども自分らしいところだ」と思うようなポイントを是非リストアップしてみてください。活用するかしないか、どのような点をどのようにして活用するか、どういう場面で活用するか等についてはリストアップしてから検討すればよいでしょう。個性的訴求点は、マスターブランドの差別化の補強として活用したいと思います。

　マスターブランドの補強として考慮する３番目の要素は逸話選集です。第２章の第３節で簡単に説明しますが、ブランディングの成否を握る大きな要素の一つがブランドストーリーテリングです。ストーリーテリングとは、文字通りストーリーを語る行為で基本的には時系列的に文章或いはアートの形で特定の行為や出来事、更にはフィクションを語るナレーショ

ンと捉えることができます。ストーリーは人々が経験した、又は経験する出来事に形を与え、それに対して意味付けをすることで他者が知覚することを可能にします。また、ストーリーは時空を超え、文化やジェネレーションも超えてオーディエンスの心を捉え、彼らの創造力を引き出すことができます。それはストーリーを強力にするカギを握る特徴としてWoodside（2008）が言うように「人間の記憶はストーリーに準拠している、記憶の検索（想起）は大部分がエピソードである（以下省略）」からであると考えられます。そこで本節で作成したマスターブランドを最終的には、「⑥メッセージ開発工程」を通して、パーソナルキャリアブランドメッセージという自分自身のオリジナルのブランドストーリーに作り上げるわけです。

　ところで、これは第4節で解説をする「ブランドメッセージの作成」に関連するところですが、逸話の有効な使い方に関連することなので、ここで取り上げます。ストーリーテリング手法の一例として、物語やシナリオライティングについては3幕構成という伝統的なスタイルが存在しています。フィールド（2009）やジョーンズ（2022）はいずれも、第1幕を発端（きっかけとなる出来事）と状況設定（提示）、第2幕を中盤（中間点）と葛藤（上昇展開）、そして、第3幕を結末（結末）と解決（クライマックス）と位置付けています（括弧外がフィールド（2009）、括弧内がジョーンズ（2022）の表現）。そして、どちらも、第1幕と2幕の間、そして第2幕と3幕の間に、各々プロット1とプロット2を置いています。プロットとは筋立てで、各々の幕から幕への転換点に用います。パーソナルキャリアブランドメッセージは、基本形を1分間スピーチにおいていますので、通常の読む速さでは約300字です。それ程長い文章ではないですが、といって極端に短いものでもありません。大凡、3パラグラフで構成するか、最初か最後を短く置いて4パラグラフ構成とするのも可能でしょう。最初にマスターブランドのゴールを掲げて、そのプロセスを話

し、自分の行動規範を最後に話すという構成とすることが可能な字数です。この基本形に、必要に応じてアクセントを入れるのが逸話選集の役割です。例えば、「2030 年までに日本支社長として XX 社を業界 No. 1 のフランチャイズにすることを目指しています」というゴールの宣言から始めるストーリーの中に、「実は、米国の国内便の隣の席に座っていたのが米国大手フランチャイズ XX 社の創業社長で、機内で自己紹介後 3 時間あまりの間にすっかり意気投合してしまったのです」という逸話を挿入して、この逸話を先ほどのシナリオライティングで説明した 1 幕目のプロットとしてゴールに辿り着くまでのプロセスの話へと導いていくというような構成が可能です。聞き手のオーディエンスの方は、7 年後のゴールを聞かされた後に、そのままプロセスの話へと移っても、あまり興味をそそられないかもしれませんが、そこにちょっとした逸話を入れるとこの場合だと「へぇー、そんな偶然があるんだ。ラッキーな人だな」という興味をそそられ、プロセスの話へスムーズに導かれるかもしれません。こうしたストーリーの転換点としての役割を持つ逸話も必要です。またこの例だと、ゴール→逸話→プロセスという順番を、逸話→ゴール→プロセスとすることで逸話の役割を話の転換のためのプロットから最初のつかみ（これをインサイティング・インシデントと呼びます）として機能させることもできます。最初の小話（逸話）でオーディエンスの興味を掴むわけです。

　また、スピーチや自己紹介をすることになっているイベントで、自分の 1 分間ブランドメッセージを話そうと思っていたところ、急に割当時間が 3 分になってしまったようなときにも逸話を接着点（転換プロット）としてリスト化して覚えているブランドメッセージと繋げて一つのブランドメッセージ（ストーリー）として対応する、ということも可能になるでしょう。MY PPF から、そして日常生活の中から自分のキャリアに関連したちょっとした逸話を準備しておき、臨機応変にブランドメッセージに組み込むことで対象オーディエンスの興味を惹きつけ維持することができま

す。以上、マスターブランドの作成更にはブランドメッセージの作成や表現にまで活用できる３つの「補強として考慮する要素」について説明をしました。

第５項　マスターブランドのメインストーリーの作成

　ここまでの説明で把握できたと思いますが、念のために図表１の①情報の収集と選定と、この節で説明をしてきた図表１の②マスターブランドの構成要素との対応関係について簡単に説明をしておきます。図表６をご覧ください。図表４で例示したような６つの項目を均等に満たすような「ゴール」を作り出すには様々な点を考慮することが必要であることが伝わると思います。本文で説明をしてきたように、マスターブランドのゴールには MY PPF で表される自分自身のライフストーリーが凝縮している

①情報の収集と選定の項目	②マスターブランド構成要素		
	ゴール	プロセス	バリュー
1.　事前準備			
ビッグ５特性	○		○
パーソナリティ表現	○	○	
強みフィードバック	○	○○	
2.　MY PPF			
成功物語	○○	○	○○
重要な出来事と理由	○○		
興味/情熱	○○	○	
大切なこと	○○	○	○○
未来のありたい姿	○○		
3.　その他のリソース			
ドライバー	○○	○	○
人的ネットワーク	○	○○	
コンピテンシー、スキル、資格	○○	○○	

図表６　①情報の収集と選定と②マスターブランド構成要素との対応関係

ものであると考えられます。またプロセスを作成するためには、自身の持っているケイパビリティの客観的な理解と自分を成功に導いたと認識する方法論、そして情熱で組み上げていくことが分かると思います。バリュー（行動規範）には自分のパーソナリティの特性が影響すると仮定でき、また価値観が直接反映しますので大切にしてきたことや、自分を動かすドライバーについての理解が必要です。そして、自身の成功物語（失敗物語も含めて）から予測される自身の成功や失敗へと導く行動パターンを省察することで、プロセスを具現化する際に守るべき行動基準や規範を作り出す必要があります。以上のように、かなり多面的な視点でゴール、プロセス、バリューを導き出せるように設計されていますので非常に価値のあるマスターブランドのストーリーができていると信じてよいでしょう。

　次に、図表7ゴール、プロセス、バリューによるストーリー作りシート例をご覧ください。マスターブランドストーリーを構成したり、作り上げる項目について、本文のまとめとして内容を説明してありますので確認をしてみてください。この図表で最も重要なのは一番下の欄にある「マスターブランドのメインストーリー」です。これは本文中では直接には説明をしませんでしたので、ここで解説をします。なお、図表7の中で素材となる各要素とまとめて表現するために、小さなマス目の中に内容を納めてありますが、実際は別シートが必要になるだけの量になるでしょう。内容としては、図表に明記をしてある通り、また、本文で説明をした通り決定をしたゴール及びそれをゴールとした理由や思いから始まり、そのゴールに到達をするために解決したり乗り越えたりする課題、そして、それを解決するために自身の様々なリソースを活用して乗り越えていく戦略や戦術、また、そうした行動をとるにあたって準拠すべき自身に課している行動規範も含めたメインストーリーです。この中には補強として考慮する要素として、少し絞り込んだ対象オーディエンスにとってのメインストーリーの関連性（レレバンズ）、個性的訴求点そして逸話を要所要所で散り

ゴール	おおよそ 7 年前後で到達する姿或いは達成すること
設定ゴールへとドライブする理由、思い、妥当性等	MY PPF 等から導き出した設定したゴールの理由や思い
ユニークなリソース群	CSF をクリアするために活用するコンピテンシー、スキル、資格、人的ネットワーク等
主要 CSF 1	
主要 CSF 2	ユニークなリソース群を活用して
主要 CSF 3	各々の主な CSF をクリアする 戦略や戦術
主要 CSF n	
行動規範	ゴール到達（達成）への活動をするにあたっての行動規範
補強として考慮する要素	（セカンダリー）ターゲットにとってのレレバンス、個性的訴求点、逸話選集
マスターブランドのメインストーリー（別シート）	ゴール設定の理由や思いから始まり、クリアすべき主要 CSF に対して活用するリソースと戦略／戦術、準拠する行動規範を網羅し（セカンダリー）ターゲットへのレレバンス、個性的訴求点、逸話選集を考慮したブランドメッセージの素になるような複合的なストーリー。箇条書きで用意する。

図表 7　ゴール、プロセス、バリューによるストーリー作りシート例

ばめることも含んでいます。このメインストーリーは、マスターブランドですが表現としては外部に向けたものではなく、次のステップ（図表 1 の⑥）のメッセージ開発工程でメッセージ化されるものです。そこで、次の工程での扱いを容易にするために長文で示すのではなく、箇条書きで整理をしておくことを原則とします。従って、本節で作成したマスターブランドのメインストーリーは、マスターブランドを箇条書きで表現したものということです。もちろん内容は次の工程で発信のために文章化（メッセージ化）されるマスターブランドのフルメッセージと同じですので、包括的なマスターブランドとして位置付けられます。そして、第 3 節で解説するターゲット別価値提案と一緒になってパーソナルキャリアブランドを形作るものです。

第 3 節
ターゲット別価値提案の設計と作成

第 1 項　基本設計とターゲット別価値提案ポートフォリオ

　本書の、そもそもの目的は社会経済環境の不確かで、先の読めない、しかも猛烈なスピードを持つ変化にキャリアという領域の中で、ブランディングコンセプトを活用して対応することです。つまり、自分の氏名というマスターブランドネームのもとで、自分自身をブランド化することで、ある一群の人達に対して体系的また持続的に自分自身の認知と連想を競争優位に構築しようとすることになります。ビジネスの世界では、こうした変化に対して、プロダクト（サービス）の個別のブランドを持っている企業では、既存のブランドやその商品構成を見直したり、新しい商品ジャンルに新ブランドを投入したりすることで対応をしています。また、プロダクト（サービス）の個別のブランドを持たない、或いは、そのような制度を採用していない企業では、企業ブランド名またはマスターブランド名の下に並べた商品群の取捨選択と新商品の投入で対応をすることになります。もちろん、中には企業ブランドやマスターブランドの内容を更新したり、刷新したりして対応する企業もあるでしょうが企業ブランドやマスターブランドでは、その長期的な一貫性も重視されますし変更に失敗した場合のリスクが非常に高いので、既述のような品揃えの更新や刷新で対応する場合が多いでしょう。

　人のブランドに関して、そのマスターブランド名は通常その人の氏名であり、その下に自由に個別のプロダクト（サービス）ブランド名を設定することはできません。もちろん、小説家という副業を始めるというような

場合は、作家としての名前（新規のマスターブランド名）を併用していくことは可能でしょうが一般的ではありません。そこで、環境変化への対応という視点では、まずブランド化されていない氏名をマスターブランドとしてブランド化して群衆（？）の中から一歩抜け出すというステップを踏み出すわけですが、キャリアという領域における具体的な変化に対応するためには対象とするターゲットが広すぎて、それだけでは充分とは言えないかもしれません。また、ブランド名としての氏名は１つですから、企業のようにプロダクトブランド（サブブランド）を増やしていくような戦略を適用することはできません。そこで、マスターブランド戦略、つまり自分の氏名の下の品揃えを充実するという戦略が適当であると思われます。しかしながら、人は物理的にも時間的にも限界がありますから、通常は複数の組織にフルタイムで就業することは困難です（また、規則上の規制が存在する場合もあるでしょう）。しかし時間を現在の視点で固定をすると不可能なことも、未来にわたる時間軸でみれば可能なことも色々あるでしょう。確かに今日という労働時間の中で複数の仕事に関わることは難しいかもしれませんが、未来にわたる自分自身のキャリアストーリーでは様々なオプションが見えてくるはずです。そもそも社会経済環境の変化は非常に強烈に一つの企業や職種に愛着を持っている人にとって、場合によっては脅威かもしれませんが、おそらく多くの人にとって実は豊かなキャリア機会と言えると思います。それは、この環境変化が個人レベルで影響を及ぼしているだけではなく、社会全体の課題であり、したがって企業にとっても対応しなくてはならない状況であることから、何よりも社会経済全体におけるジョブモビリティが高まっているということです。これは、セピア色をした過去の日本における労働環境とは全く比較にならないレベルで、例えば転職に対する一般の人々の認識の変化そして、その支援手法の多様化が挙げられます。そこで本書で提案しているのは、自分自身をブランド化することに加えて、未来に向かって自身の探索するキャリア

オプションをあらかじめ「品揃え」としてマスターブランドの下に準備を
しておくという戦略です。もちろん、「現在」という視点では、例えば、複
数のフルタイムジョブを同時に充分に果たすということは不可能といえる
レベルで困難ですので、必要なタイミングでネクストステップにスムーズ
に進めるように、応募等に直ぐ使えるような自分自身の複数の価値提案を
ポートフォリオとして準備をしておくことを、お勧めしたいと思います。
ポートフォリオは、元来の意味はご存知のように書類入れで、思い浮かぶ
のは複数のクリアファイルが綴じてあるようなもの或いはファイルです。
例えば、デザイナーの方々は、自分のデザイン画を沢山入れたファイルを
ポートフォリオとして持ち歩き、必要なプレゼンテーションに使用してい
たこともあるでしょう。現在は、もちろん PC やタブレットもポートフォ
リオ的に使用されると思います。より概念的には資産ポートフォリオとい
うコンセプトもあるでしょう。この自分の氏名というマスターブランド
ネームそしてそのブランド内容のもとに、ポートフォリオとして未来に考
えられる様々なキャリア上の機会に対応する、自分ならではの価値提案を
準備する、というイメージを表した図が、図表 8 のマスターブランド＋
ターゲット別価値提案アーキテクチャーです。以下、図表の内容について
説明をします。

　まず、ターゲット別価値提案について説明します。ブランド化される本
人が自分自身で特定したターゲットに対してオファーする価値提案です。
ターゲット別価値提案は企業ブランドにあてはめると、マスターブランド
戦略に基づいてマスターブランド名の後につけられる商品ジャンル名と同
じ役割を持っています（例えば、アイリスオーヤマの「充電式スティック
クリーナー」）。例を挙げると、近いうちに XX 社の精密機械向け半導体の
営業職に応募をしたいという A さんの場合、特定のターゲットは XX 社
の精密機械向け半導体営業部（と仮定します）になります。そして、この
ターゲットが募集（或いは募集予定）している求人条件を満たすことが

74

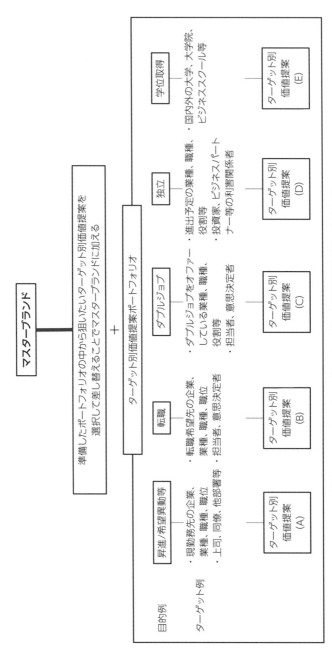

図表 8 マスターブランド＋ターゲット別価値提案アーキテクチャー

できる（可能性の高い）Aさんが持っている職務経歴、コンピテンシー、知識、スキル、資格等から戦略的に導きだされた価値提案が、ターゲット別価値提案ということになります。この価値提案の視点は特定のターゲットであって、Aさんの視点ではありません。ですから表現としては、価値というよりは、むしろ特定のターゲット（例では、XX社の精密機械向け半導体営業部）にとってのベネフィットといった方がよいかもしれません。例えばAさんが入社することで、営業部の売上が30％上昇するというような営業部のベネフィットが提案する価値です。先ほどアイリスオーヤマの"充電式クリーナー"と例を挙げましたが、マーケティングの視点ではクリーナーという商品名ではなく、実はこの充電式クリーナーがターゲットの消費者にもたらすベネフィット（例えば、どこでも手軽に掃除できる／身の回りが清潔になる）に他なりませんので内容としてはターゲット別価値提案と同じことです。ターゲット別価値提案の内容と作り方については次の項で説明をします。

　さて、このターゲット別価値提案を作成するターゲットや目的は、もちろん転職ばかりではありません。現在では自分自身のキャリアを拡張するために可能な限りで、社内外におけるダブルジョブが認められているか、奨励されている場合もあるぐらいです。そこで社内であれば、人事部の担当者或いは受け入れ部署を特定したターゲットとして価値提案を準備するということになります。この場合は現在の仕事を続けながらキャリアを拡張できるので、現実的なオプションとしてポートフォリオに格納しておくとよいのではと思います。また、現職として並行してキャリアの拡張を目指すことができるオプションとしては教育があります。資格、語学に加えて少しハードルが高くなるかもしれませんが、例えば、社会人大学院としてのMBAプログラムというのも候補になるでしょう。この場合のターゲット別価値提案の内容は，価値提案だけでなく、可能性の検討（学費、生活全体の時間マネジメント等）も必要になるでしょう。また、ターゲッ

ト別価値提案の候補については不確実性が高いかもしれませんが、独立というオプションもあります。これも、例えば、実績のあるフランチャイズのフランチャイジーになる場合と、全くのゼロからの起業という場合もあるでしょう。次の項で説明するターゲット別価値提案の内容は、おそらくフランチャイジーへの応募というような場合には役立つでしょうが、起業という場合は他にも検討する項目は沢山あると思いますので、別途、準備をして頂く必要がありますが、ターゲット別価値提案ポートフォリオの構成要素としては必然性がある場合が多いでしょう。場合によっては一定の年齢層に到達するとセカンドキャリアの検討を推奨される場合もあるかもしれませんので、セカンドキャリアというオプションもターゲット別価値提案ポートフォリオに含める場合も想定できるでしょう。以上のようなキャリア上の未来のオプションに必要と思われる必要なターゲット別価値提案を自身のポートフォリオとして準備をし、定期的に更新をするように活用できます。実際のキャリア機会というのは、（個人的な経験上）急に訪れ、あっという間に過ぎ去っていく性格を持っていますので、月並みの表現ですが「備えあれば憂いなし」というのがこのターゲット別価値提案ポートフォリオの狙いです。

　ところで、あくまでもイメージ上の比喩ですが、図表１の④をご覧いただくと、マスターブランドの下にターゲット別価値提案が置かれており、その下部に比喩的に USB プラグを差し込む差込口（レセプタクル）であるポートのイメージの絵を置いてあります。各ターゲット別価値提案を USB メモリとして見立てて、マスターブランドに付け加えたい具体的な価値提案であるターゲット別価値提案を、このポートに差し込むというイメージで、ターゲット別価値提案をマスターブランドと結びます。図表１では４つの受け口を書きましたが、おそらく、そのポートの全てにターゲット別価値提案を差し込むようなことは無いと思いますが、常に現状の職に関連したターゲット別価値提案は差した状態であると仮定しますの

で、（図表 1 の④の例では）実質上、空いているポート数は 3 つということになります。なお、並行してポートに装着される可能性のあるターゲット別価値提案の組合せとしては、例えば、現状、ダブルジョブ、教育が考えられます。いずれにせよ各ターゲット別価値提案は必要に応じて、ポートに差し込んだり、抜いてポートフォリオに格納して運用していくというイメージです。

　ところで、このポートフォリオによるマネジメントで重要な点が 1 つありますので、企業ブランドの場合を取り上げて説明します。ここのテーマであるマスターブランド（企業ブランド）と個別ブランド又は商品名を管理するためのポートフォリオマネジメントのコンセプトは、アーカー（2005）によって提案されていますのでそれを参照します。アーカー（2005）のブランドアーキテクチャーについては、第 2 章の第 4 節で詳しく述べますが、ポートフォリオにおけるブランドマネジメントという視点で重要な視点である「ドライバー」という考えを、この文脈で明らかにする必要がありますので、第 2 章と重複するところもありますが、ここで取り上げます。重要な質問は、「ドライバーの役割を担っているのは、マスターブランドなのか、それとも個別のブランドなのか？」という点です。「ドライバーの役割は、ブランドが購買決定を促し、使用経験を規定する程度を反映する」と（アーカー（2005））は説明しています。例を挙げると、オムツのパンパースを購入した人に、その場で「今、ご購入されたブランドは何ですか？」と聞けば、おそらく殆どの人が「パンパース」と応えると思います。この場合ドライバーの役割を果たしているのは、おそらく 9 割以上が「パンパース」で、企業名（マスターブランド）である「P&G のオムツです」と答える人は 1 割程度と推察されます。それは個別ブランドの戦略をとっているので当然の、或いは期待通りの結果と言えるでしょう。一方、例えばカローラはどうでしょう？「トヨタのコンパクトセダンを買いました」と答えるか、「カローラ」と答えるか、「トヨタ・

カローラ」と答えるか、その割合は（おそらく）それほど極端に偏っていないような気がしますが、どうでしょうか？これはトヨタがサブブランド戦略をとってきた結果で、マスターブランドの影響力と個別（サブ）ブランドの影響力が巧みに釣り合っているからといえるでしょう。トヨタというグローバルブランドがもたらすマスターブランドの価値に、カローラブランドが持つ具体的なベネフィットが加わって極めて強力なブランドを構築していることになります。マスターブランドとサブブランドの関係は、持ちつ持たれつの関係で、お互いに強めあう関係と言えるでしょう。もちろんその反対の効果をもたらしてしまうリスクもあります。そして、もう一つの組合せであるマスターブランド＋商品ジャンル等で構成されるマスターブランド戦略はちょうど個別ブランド戦略の逆で、ドライバーの役割は100％マスターブランドにあるということになるでしょう。それは当たり前のことで、ドライバーの役割とはマスターブランド対個別ブランド（サブブランド）のように2つのブランドの間のウェイトを問題にしているわけで、マスターブランド戦略では、ブランドは1つだけですからマスターブランドが100％のウェイトを持つということになります。しかし、もしもその中身に注目をしたらどうなるでしょう？つまり、ドライバーといういコンセプトでは理論上は100％マスターブランドであるはずのマスターブランド戦略においても、実質的なドライバーの役割について、マスターブランド要素が強いのか、商品要素が強いのか？という視点で検討するとどうでしょう？言い方を変えれば、マスターブランドとしての総合的な抽象性の高い訴求メッセージの部分と、商品部分の具体的なアトリビューツに裏打ちされたベネフィットのどちらが購買に、より強く影響しているのか？ということです。マスターブランド戦略をとっている企業の商品では、商品としては非常に魅力があるけれども、その企業名（マスターブランド）を信頼できないから買わないとか、その逆のケースも存在するでしょう。つまりマスターブランド戦略をとっている場合でも、マ

スターブランドと商品との間の影響力は均衡していると仮定できる場合もあるということです。本書のマスターブランドとターゲット別価値提案の関係性は、この中味の混合度やメッセージの主従関係によってドライバーの役割をコントロールするという戦略をとります。

　図表1、⑤の「②マスターブランドと④ターゲット別価値提案」と「⑦パーソナルキャリアブランドメッセージ」の橋渡しをしている「⑥メッセージ開発工程」において、この両者の混合具合を決定するわけです。その基本的な方針はターゲット別価値提案のターゲットと、目的を優先してマスターブランドとの混合度合いを決定するということになります。マスターブランドの内容は変化せず一定ですので、ターゲットによって様々な内容や強さを持つターゲット別価値提案の方から、その重さを決定してしまう方がやりやすいということです。唯一の例外が、ターゲット別価値提案に特に具体的な目的を持たない「ターゲット別価値提案現職」がポートに差し込まれているときで、この場合はターゲット別価値提案はマスターブランドの構成要素の素材の一つとして僅かに機能をするだけで、圧倒的にマスターブランドが主となってパーソナルキャリアブランドのメッセージを決定します。一方、同じ「ターゲット別価値提案現職」でも、例えば現在勤務をしている企業内で海外支店勤務要員募集に応募をするというような場合は、そのための価値提案を強調した「ターゲット別価値提案現職」を作成してポートに差し込み直すことになります。その結果、「ターゲット別価値提案現職」の内容の比率がマスターブランドに対し増すことになり、主にそれを活用して自身の訴求を行うことになるでしょう。その他、その時々の機会に応じてポートフォリオに含まれているターゲット別価値提案と、マスターブランドとの混合率や訴求割合を変化させて、自分自身のターゲット別価値提案ポートフォリオを運用することになります。ブランド化された自分の人間的な総合的魅力（マスターブランド）と、特定のターゲットの心を掴む強力なプロフェショナル力（ターゲット別価値提案）

の最適ミックスでパーソナルキャリアブランドを作り、そのメッセージを
駆使してキャリアを進んでいくという戦略です。

第２項　個別のターゲット別価値提案の作成

　この項では、ターゲット別価値提案の作成について説明をしていきま
す。その前に、作成のためにどのような視点で、どのような項目を選ぶの
かについて説明をします。実際の作成にあたって、それらの項目をどの程
度使用するのかは読者の判断にお任せしますが可能な限り使用して頂きた
いと思います。

　話はやや横道にそれますが、まず、個人的な所感に近いものになります
が、ターゲット別価値提案のコンセプトの背景であり、その用途の重要な
要素の一つとなっている転職について解説します。そこから、ターゲット
別価値提案の項目を選び出す実践的な根拠を説明できると思うからです。
もちろんその後に理論的な根拠も説明しますが、まずは比較的多くの転職
歴を持つ個人的な見解からです。

　私の専門分野はマーケティングで、マーケティングの職種の中で職位を
上げて、それを礎に経営のトップを目指すという戦略でキャリアを構築し
ていきました。もちろん、上手くいった部分もあり大失敗もありの連続で
想い起せば大変スリリング（？）な経験でした。私の歩んできたマーケティ
ング（含む、ブランディング）は、現在のデジタルマーケティング主体の
内容とは少しニュアンスが違うかもしれません。特に、伝統的なブランド
マネジメント制とその延長線上でのマーケティングが中心の期間が長かっ
たので、どちらかと言えば Kotler のコアなマーケティングマネジメント
の色彩が強かったと思います。こうした背景でのことですが、特にブラン
ドマネジメント制或いはそれに準ずるような制度を経営の中枢に据える
マーケティングドリブン（marketing-driven）な企業（特に外資系企業の

日本支社）のマーケティング部には様々なバックグラウンドを持った、なかなか優秀な人材（私自身については定かではありません）が集まってきたように記憶しています（この辺の状況にご興味があれば少し古い本ですが、伊藤（2008）をご覧ください）。さて、こうして集まってくる人材の転職事情を大雑把に分類してみると3種類に分類できるように思えます。ここでは、転職事情にフォーカスしていますので社内の生え抜きで他部署からマーケティング部へと異動してきた場合等は除きます。

　（順不同ですが）最初の分類は勝手に「相互乗り入れ可能型」と名付けたもので、以下のようなパターンです：

広告／販売促進の仕事　→　マーケティング　→　広告会社が可能

市場調査の仕事　　　　→　マーケティング　→　市場調査会社が可能

営業の仕事　　　　　　→　マーケティング　→　類似業界の会社の
　　　　　　　　　　　　　　　　　　　　　　　営業職が可能

ある商品分野のR&D　→　マーケティング　→　同分野のR&D　など

要するに、マーケティングと関連性の高い他の職種からマーケティングという職種に参入してきた場合で、この場合は全く問題なく前職に里帰りすることができるでしょう。ただ、営業職の場合は職種が同じでも業界が異なり過ぎると商習慣が全く違う場合があり適当でない場合もあるでしょう。マーケティング、特にブランドマネジメント制度を（完全な形でなくても）採用しているマーケティング部署では、部員が一人でマーケティングミックス（マーケティングの4P）全体のマネジメントを行う必要があるので、この4Pに該当する職歴を持った人が採用や配置される傾向が強いでしょう。このパターンはマーケティングミックスという観点でみれば、同じ職種（広い意味でのマーケティング）の中での移動とみなせるので、準転職という見方ができるかなと思います。お察しのように、個人的には退職をして新たな就職先で異なる職種につくことを転職とよび、退職をし

て新たな就職先で以前と同じ職種につくことを転社（会社を変わること）と呼んで区別をしています。この準転職の場合は、大分類の職種の上では同じ職種での経験を積んでいけるので、専門性を磨くという点では一定の価値があると思います。特に、広告会社や市場調査会社から企業のマーケティング部に準転職をして元の業界に戻る場合は、クライアントの仕事の内容や考え方を実体験できるので価値ある経験となるでしょう。といっても、この相互乗り入れ的転職を他の要素（例えば、職位の上昇）も入れずに何度も繰り返すと、採用する側からは色々と質問がでるようになるでしょう。長期的にみれば3回程度の純粋な準転職は受け入れられるのではないでしょうか？

　第2のパターンは、広義でのマーケティングと全く関わらない職種からの参入です。例えば、財務／会計分野とか人事／労務分野から等の動きです。個人的には、これを純粋な転職と考えるということになります。この動きの場合は転職をしてきた職種に帰ることはかなり難しいと思われます。マーケティング部の仕事は多岐にわたり数字で考えたり管理したりする能力が必要になりますので財務からの参入は武器になるでしょう。しかし、こうした動きは一般的な会社の場合は、おそらくマーケティングの仕事を身につける、というところから始まりマーケティングが自分自身の職種となるまでには一定の期間が必要になると想像されます。その後に、元の職種に戻ろうとするとマーケティング職での経験が必ずしも評価されず、場合によっては時間的には遠回りをしたという評価をされる場合もあると思います。こうした純粋な転職という場合はキャリアの形成という点ではキャリアの早い段階で、1回もしくは2回で止めておく方がよいかもしれません。転職をした場合はその職場環境がガラッと変わりますので、仕事という要素以外でもなかなか適応できない場合も色々とあります。この辺は採用過程で何回も企業を訪問しても掴み切れないものです。また特に大企業から、例えば本社のある海外では大企業だが日本の支社は

非常に小人数で運用されているような会社に移ると、カルチャーショックを受ける場合もありますので、そういうリスクを勘案しても早めに 2 回程度の動きが限界ではないかと思うわけです。ただ今日では、現在勤務をしている企業の規模にかかわらず、一定の年齢に達すると次のステップに進むことを奨励される場合もありますので、この分を考えると純粋な転職は全体のキャリアの中で 3 回程度が適当ではないでしょうか？ このセカンドキャリアのための動きでは、同じ職種や関連する職種での動きの方が楽だと思われますが時間の経過とともに、その職種の社会における必要性自体が相対的に低下してしまったり、本人の知識や経験に更新が必要だったりする場合が多いと思いますので、その時点での求人が豊富な分野へと転職する方が厳しさは伴うでしょうが、可能性が高いという場合が想定されますので、純粋な転職は 3 回までということになるでしょう。

　そして第 3 のパターンは、同じ職種で会社を移る動きで、個人的には（20 年以上前から）転社と呼んできました。これは自己弁護ということもあるかもしれませんが自分は転職ではなくて転社なのだからそれ程神経質になることはないと自分に言い聞かせてきた、とういうわけです。転社というと業界は同じで、会社だけを変えるという響きがありますが実際は業界を変える場合も多いでしょう。マーケティング職の場合は比較的、業界の応用範囲は広いと思いますがマーケティングのコンセプトで重要なことの一つは市場を開拓することですので、業界を変わるたびに市場について充分に理解するための時間が必要です。また、マーケティングミックスの核となる "Place" である流通そしてマーケティング計画の実施の要である営業についても、制度そのものが前に居た業界と全く異なる場合も往々にして出てきますので、場合によっては経験の積み重ねという点では、転社という移動もそれほど本人にとっては意味のある動きでもないかもしれません。ただ、転職の場合と比較すると唯一価値があるのは、この例では、「マーケティング」というプロフェッション（専門性）が非常に高まること

でしょう。とはいえ、ただ単に転社するという行為も準転職と同様に、客観的にみれば「何を目指しているの？」という「？」が付けられることに成るでしょう。従って純粋な転社もせいぜい３回程度までということになるのでしょうか？

　ここまでをまとめると、純粋な準転職や転社の場合、その移動をすることで何を得たいのか、或いは何を達成したいのかを客観的に説明できる必要があるといえるでしょう。とはいえ一つの専門的な職業能力、ここでは（広義の）マーケティングを構築しているということは評価されるでしょう。これは先の全く見えない現代の社会では以外と重要な要素で、例えばセカンドキャリアで（本当に専門性が養われていれば）コンサルティングや教育／研修の分野で活かすことができるかもしれません。一方、純粋な転職をする傾向のある場合は、とにかく優先すべきはできるだけ早く自分の専門を見つけることでしょう。そうしないと経験の積み重ねができず評価もされにくいからです。転職をするたびに前の会社の等級のままでスタートするのは全体のキャリアの進展速度を遅くしてしまいます。

　ところで、ここまで「純粋」という表現を準転職や転社につけてきました。純粋とは、職種を変える、会社を変える以外に、前の会社から何も変えない（変わらない）という意味です。この「純粋」な案件の様相をガラッと変えるのが役職と年収という要素でしょう。これは単純に地位が欲しいとか金が欲しいという意味ではなく、役職が上がるというのは通常は仕事の守備範囲が広がり、或いは仕事を遂行する上でのパワーが拡大され、統括する社員の数も増え更には当該企業の経営の戦略や方針に影響力を持つ度合を現状より上げることができるという意味です。つまり、実体として仕事の上で自分自身の考え方や流儀を出せる度合が増え、また自分の能力、スキル、知識等を活かすことができる範囲や自由度が増すので現状よりチャレンジングではありますが、やりがい、また場合によっては生きがいも増すということです。また年収はその絶対額というよりは、その職務

上の責任や義務に見合ったものかどうかということが重要ですので、絶対額の多い少ないとうことで判断するよりは年収という額によって正当に評価をしてもらえるのかどうかの尺度として受け取ればよいものでしょう。そもそも絶対的な金額を理由に準転職や転社を行うと、欲しい年収額についてやがて際限がなくなりますので常に不満足な状態で仕事をする羽目に陥るでしょう。

　ところで、個人的に今までグローバルなエグゼクティブサーチ会社の非常に優秀なコンサルタントとお目にかかる機会にも恵まれました。彼らが候補者に紹介する案件について説明する概要をザッと述べると、その案件の企業名と、その業界におけるトラックレコードの素晴らしさ、当該業界の未来への見通し、当該案件に関わる事業の将来性、戦略、全体の経営への影響度、経営のトップマネジメントがそのビジネスに寄せている期待等といった当該サーチの背景の説明、そして、案件の具体的な業務／職務内容とサーチの理由や狙い、組織、レポーティング（指示系統）の図と役職、職務記述書、望まれるコンピテンシー、待遇が示され、そして何故、或いは、どのような点でその候補者が候補となり得るのかの説明がなされるというような内容になるでしょう。まとめると、企業ブランド、業界、職務内容（職務記述書）、求められるコンピテンシー、役職と待遇というところが転職での重要な要素と見られていると推察されます（あくまでも記憶している範囲ですが）。但し、これはエグゼクティブサーチ会社の案件を前提としていますので、比較的役職の高い案件と考えてよいでしょう（トップ中のトップを狙うサーチ会社でない限り、実際は守備範囲の広いエグゼクティブサーチ会社も存在します）。また、サーチ会社のクライアントはグローバルな企業と推察されますので、職能ではなくて職務重視の制度に基づくと仮定されます。

　とはいえ、もしもこのような多岐にわたる条件が付加されたとして、改めて 3 種類の移動のパターンを見てみると準転職と転社については、募

集されている或いは紹介される案件の企業が、移動した途端に縮小や合併或いは倒産といった危険性が無く、業界について現状と変更がないか馴染みがあるか、個人的に是非参入したいところであって職務内容（求められる職務記述書）に自信があり、役職に伴う責任とパワーが現在と比較して大体2ステップ程度上にあがることになり、それに伴う年収が3割以上、上がるということになれば会社を変わる意味や価値があると判断してもよいのではないでしょうか？また、類似の案件が未来に訪れれば、上昇のキャリアパスに乗ることができ、企業のトップへと昇り詰める可能性も高くなりますので（もしも、それが自分の望むライフストーリーであり、やりがいと生きがいを感じるのであれば）数回の準転職や転社は、その前までの純粋な準転職や転社に加えてもよいのではないかと思いますが、いかがでしょうか？ところで純粋な転職を繰り返している場合は、客観的にみてそこに専門性の積み重ねが見えにくいことが理由で、上昇気流に乗るような転職は厳しいと思います。繰り返しになりますが、（会社を変えるたびに職種を変える、またはその逆という）転職は早めに済ませて確固たる専門性を築くことがキャリア形成のカギということになるでしょう。

　さて、個人的な経験を中心に、ターゲット別価値提案に加えるべき要素を探ってきましたが、多少の理論的な裏付けも欲しいところです。参考にしたのは最初に学んでからすでに50年近くも（！）たってしまったと思いますがE.H. Scheinの組織の3次元モデルです（原文は古いので、図については、検索で或いはシャイン（著）金井（訳）（2003）でご確認ください）。これは、組織内のキャリアを職位の高さ、職能の種類、中心性の3つの次元からとらえたもので、その様子を円錐状に表現しています。職能の種類はマーケティング、営業、製造などで横の動きになります。これは社内での職能横断的なローテーション、教育や訓練としての色彩を持つものです。一つの企業におけるキャリア開発ではこうした横の動きもあり得るでしょう。円錐状の図では、この職能の種類は水平断面図に現れ、各

職能は断面図をパイを切るように区切って表現されていますので、図のイメージ的には円周上の横の動きということになるでしょう。

　職位の高さは組織における職位、役職や肩書を示すもので、円錐を上に昇っていくことになります。組織内でのキャリアの動きは当然この上方（下方もあるでしょうが）の動きもあるでしょう。役職のポストで考えれば当然、その数は上に行くほど少なくなり最後は１つになるでしょう。そして円錐ですから職能の種類の水平断面図も、どんどん面積が小さくなり、やがて職能を区切っていた円の内側の区切りもなくなってしまいますからトップに立つと組織に必要な全ての職能を統括するということになるでしょう。

　そして、３番目の中心性は、円錐の頂点から底面の中心に下ろした垂直線をトップマネジメントから下りている当該組織における影響力や権力が集中している線としてみなして、それに対する近さ（組織内でのパワー）を表します。本来、目に見える形ではこうしたパワーを持つ程度は、職位によって位置付けられるわけですが、従業員の中には職位としてはそれほど高い地位にないにも関わらず、組織の上に対して一定の影響力を持つ人々も居るでしょう。また、逆に職位が高いにもかかわらず、影響力が小さいと思える人も居るでしょう。例えるなら、水平断面図がステージだとすれば、円錐の側面近くに位置する人は中心に位置する人よりも組織に対する影響力が低いということになります。よく社内で全従業員を巻き込むような特別プロジェクトを実施しようと人選をしていくと、いつも同じ人に辿りついてしまい、結局その人は様々なプロジェクトに参加することになってしまい多忙を極めるというような場合、おそらくこの人は中心性が高い人なのでしょう。

　このように組織の３次元モデルから得られる着想としては、人の組織におけるキャリアは職位と職種に注目をすると理解できるということではないでしょうか？中心性については、その人の職務分析を注意深く行うこ

とにより、例えばクロスファンクショナルなプロジェクトに多く参加している経験がある場合は中心性を考慮してもよいでしょう。また場合によっては、ある組織において一般的な異動周期からはずれているような場合には、この中心性が起因している可能性も考えられるでしょうが、これは判断が難しいので除外します。

　以上のように（この分類は本項の中のみで留めますが）準転職、転職、転社に関連した経験やエグゼクティブサーチャーのインタビュー項目事例、更には E.H. Schein（シャイン著、金井訳（2003）を参照）の組織の3次元モデルを参考にして、以下の要素でターゲット別価値提案を作成することにします：

業界　　企業名　　職位　　職種　　業績　　セリングポイント

　マスターブランドとターゲット別価値提案との関係性について、もう一度復習をしておくと、マスターブランドで "WHO？（と価値観という意味で WHY？）" を示し、ターゲット別価値提案で "WHAT"、"HOW" を与えます。足し算で示すと、マスターブランド＋ターゲット別価値提案＝アイデンティティ＋提案（又は経験の説明）＝「私は、こういう人間です」＋「私は、こういう価値（経験）を提供します」ということになるでしょう。この関係性を架空の航空会社と、そのビジネスクラスの比喩を用いて示すと、大凡以下のようになります：

　「OO 航空は大きいけれど思いやりのある航空会社です。私たちのビジネスクラスは、到着して直ぐに仕事を始められるようにリラックスして快適な機内体験を提供します」

そしてこの2つの文章の後に、広告であればその媒体のスペースや時間が許す限り、上のキーワードの理由或いは根拠（アトリビューツ）が優先順に示されます。例えば、「アジア（と仮定します）で最大級のネットワークを持ちます（「大きい」の根拠）」「完全に独立したパーティションのついたベッド（シート）でお休みになれます（「リラックスして快適な」の理由）

　この架空の航空会社の最初の文章が本書では、マスターブランドに相当するもので、ビジネスクラスの部分が、（本書では）ターゲット別価値提案に相当する部分です。

　こうしたターゲット別価値提案の役割を頭に入れて、それではターゲット別価値提案の意味ついて再確認をしましょう。ターゲット別価値提案とは：

「特定したターゲットに対する自分が提供できる価値の提案」
ここで「価値」とは、相手にとってのベネフィットとなり、競争相手に差別化をした価値です。また提案は平凡なものでなく、訴求力のある魅力的なものであることが期待されます。

　以上をパーソナルキャリアブランディングの文脈で見直すと以下の点が重要になります。まず特定ターゲットへの提案ですから、例えば一般的に自分自身の強みと思える点をダラダラと訴えても意味が無い（場合が多い）ということになります。「特定した」そして「魅力的」にするには、ターゲットの選考基準や人材要件を正確に把握している必要があります。そういう意味では、真にターゲット別価値提案のアプローチが効果的なのは、ジョブ型雇用を採用している日本企業そして、ジョブ型が主流の外資系企業をターゲットとする場合でしょう。一方メンバーシップ型雇用を採用している多くの日本企業をターゲットとする場合は、基本的には履歴書と職務経歴書の時系列的な説明が適しているかもしれません。先ほど述べたマスターブランドとターゲット別価値提案の足し算で、ターゲット別価値提案の記述の歯切れが悪かった（？）のは、この 2 種類の異なる雇用形態の両方に対応する表現をしたのが理由です。先ほどの文章を再掲すると、「マスターブランド＋ターゲット別価値提案＝アイデンティティ＋提案（又は経験の説明）」でしたが、「提案」で括弧に経験と入れたのは、ジョブ型の場合は「提案」を、一方メンバーシップ型の場合は「経験」をアイデンティティに足すという意味です。

このように、ターゲット別価値提案は大きく2種類の雇用形態に対応をする必要がありますので、ターゲット別価値提案の作成も2つのパターンを提案したいと思います。ここで1つ根本的に重要なことは、本書はパーソナルブランドのキャリアに焦点をあてたブランディングの本ですので、キャリアデザインやキャリアカウンセリングの本のように、応募先に提出する書類の手引きや説明をすることは行いません。それについては、キャリアカウンセラーのようなプロの指導を受けることを推奨します。そこで、ここからは質の高い履歴書と職務経歴書がすでに準備されていることを前提として話を進めて行きます。

　まずは、比較的単純なメンバーシップ型のターゲット別価値提案の作成について解説をしたいと思います。これは応募要件が比較的大まかで、どちらかというと履歴の年数に応じた経験を重視するような内容の場合です。ターゲットからの要求条件が曖昧ですから、ズバリ適合するような自分自身の経験や強みを見つけて提案の形にすることは難しいでしょう。或いは、独り合点してターゲットからの真の要件から大きくはずす価値提案をしてしまうのは逆効果です。そこで、努力をして準備をした職務経歴書の各経歴に優先順位をつけて、ストーリーを語りながら自身の強みや中心的なコンピテンシーを伝えるというあらすじで、ターゲット別価値提案を作るとよいでしょう。どの程度オープニングの総合的な自己紹介に時間を使うかによって、優先順位のどこまでをターゲット別価値提案とするかを決定するとよいでしょう。マスターブランドとターゲット別価値提案のボリュームを50％ずつにすることを基本とするとよいでしょう。マスターブランドで自分の人的な魅力を語り、残りの50％で経験を語るということになります。こうしたメンバーシップ型の雇用では、人としての魅力や価値観を重んじる傾向があると思いますので、両方のパートに力を入れることがよいと思われます。

　次に、ジョブ型雇用のターゲット別価値提案の作成については、そのイ

メージ図として図表9を準備しましたので、そちらを見ながら説明を加えたいと思います。第一に、案件の職務記述書又は、それに基づき作成されたと思われる募集要件や人材要件を手に入れる必要があります。或いは手に入れることができないという場合は、正式な候補として見なされていないということになるでしょう。職務記述書或いはそれに準じたものであれば、職種、職位、業務と職務、成果目標、求められるコンピテンシーやスキル、知識や技術、そして様々な条件等が記載されていると思います。このままだと自分の現状の適合状況を確認しにくいので、図表9のようなイメージの表に書き直して、要求条件と自分の現状との適合状況を確認して、よく適合する部分を中心にターゲット別価値提案を作成します。ここでも図表9に記入する自分の現状には、よく練られた自分自身の職務記述書を準備することが必須です。この自分の職務記述書から、人材要件に該当する部分をあてはめて適合状況を検討すると共に、提案へと結び付けていきます。以下に、マーケティングディレクター（部長）職の案件へ

精査された職務記述書が準備されていることが前提。それに基づき検討する。

対象企業、役職、職種：

内容分類	人材要件	適合と、その根拠の状況	価値提供シナリオ
業界経験 （知識、技術、人脈等）	1. ┄┄対応関係┄┄→ 2. 3. 4.　　優先順位順 ・ ・	1. 2. 3. 4. ・ ・	A. B. C. ・ ・
役職関連 （スパンオブコントロール、コンピテンシー、職場環境、成果目標等）	1. 2. 3. 4.　　優先順位順 ・ ・	1. 2. 3. 4. ・ ・	A. B. C. ・ ・
職種 （スキル、知識、技術、社内外ネットワーク、コンピテンシー等）	1. 2. 3. 4.　　優先順位順 ・ ・	1. 2. 3. 4. ・ ・	A. B. C. ・ ・

図表9　人材要件対応チェックのイメージ

の応募を仮定してターゲット別価値提案の作例を示します：

「私は XX 業界の OO プロダクトのマーケティングで <u>10 年間の経験</u>があり市場セグメント、対象消費者、競争状況、流通について豊富な<u>知識</u>と<u>分析力</u>を持っています。また、<u>ブランドマネジャー</u>として ABC ブランドを<u>5 年</u>、ZZZ ブランドを<u>5 年</u>のマネジメント経験があり、各バリューチェーンに関わる社内外のパートナーを<u>プロアクティブ</u>にコーディネートし<u>リーダーシップ</u>を発揮してきました。また、各ブランドの<u>マーケティングミックス</u>全てに関わる計画・実施・管理に責任を持ち、ZZZ ブランドでは<u>年間 50 億円の売上と No.1 シェア</u>を達成しました。私の持ち味である<u>分析力・プレゼン力・交渉力</u>が発揮できたからだと思います。御社では、マーケティングディレクターとしてプロのマーケターの経験に基づき、**各ブランドの現状、戦略、計画を BM と精査し、必要な改善**を加え、また**社内外のパートナーと協力**して**今期目標の OOO 億円を達成**します。部員全員の**自律的な目標管理**を奨励し、**オープンで継続的な会話**を通して、より**イノバティブでチャレンジング**なマーケティング部とすると共に、**シニアマネジメントの一員**として、**チームワーク**を重んじ**会社の目標であるOOO の達成**に貢献します。」

　作例では、下線で示した人材要件として、当該業界における経験と知識、ブランドマネジメント或いは各マーケティング機能の 10 年以上の経験、コンピテンシーとしてプロアクティブネス、リーダーシップ、分析力やプレゼン力が、そして、目標達成実績が求められていることを仮定して、各々に対して自身の経験が要件をクリアしていること（保証や証明）を示しています。更に、募集されている職位であるマーケティングディレクターに求められている要件（太文字）を満たすための方策を述べ、成果目標の達成にコミットしています。またディレクター（部長職）としての管理方針、そして募集企業が求めているマーケティング部の姿に応えるべ

くイノバティブでチャレンジングという職場を作る構想を語り、この人にとって初めてのチャレンジに成る CEO をトップとするシニアマネジメントチームの一員として、求められているチームワークスピリットを示すと共に、部単位の目標だけでなく、会社全体の目標達成への役割を果たすことを表明しています。以上を総合して、本案件に対するターゲット別価値提案としています。この例は約 460 から 480 字の範囲に整理できますので、約 1 分 30 秒のスピーチに相当します。これに、約 30 秒のマスターブランド要素を融合して 2 分程のオープニングのスピーチ（自己紹介）として面接の冒頭に置けば、ポジティブな最初の印象を作り、「もっと、具体的な話を聞きたい」と興味を持って頂き、先に進んでいくことは間違いないといえるでしょう。もちろん、この後に続くであろう具体的なインタビューに耐えられる、或いは積極的に対応できるだけの、当該企業についての理解、そして自分自身の職務経歴書の質とそれを説明できるプレゼンテーションの力が重要になります。例えるなら、ジョブインタビューの冒頭に、約 2 分間の自分ブランドの CM をうつことで相手の興味を掴んだのですから、肝心なコンテンツ（プログラム）で尻つぼみにならないように周到な準備が必要です。

　以上、マーケティングディレクターの事例の最後で示唆をしたように、第 2 節で説明をしたマスターブランド（メインストーリー）に本節で説明をしたターゲット別価値提案をプラスすることでパーソナルキャリアブランドを作り上げます。次の節で、これらのパーソナルキャリアブランドの構成要素をメッセージ化（発信用の形に整えて）をして、目的や状況に応じて混合度合いを調節して発信をする工程について説明します。

ブランドメッセージの作成

第 1 項　ブランドメッセージ開発工程

　ここでは、図表１の⑥、⑦を網羅します。図で示した通り「⑥メッセージ開発工程」は⑦のパーソナリティを貫いてパーソナルキャリアのブランドメッセージまで入っています。これは、ブランドメッセージの開発工程でブランドパーソナリティを反映させ、また、マスターブランドとターゲット別価値提案をミックスさせてパーソナルキャリアブランドのメッセージを開発する工程であることを示しています。

　このブランドメッセージ開発工程は以下のように３つの目的を持っています：

　①第２節で作成したマスターブランドのメインストーリーを 600 字程度の文章としてまとめ上げることです。これをマスターブランドのフルメッセージと呼びます。この際、次の項で説明するブランドパーソナリティを反映した表現やトーンを使ってフルメッセージを完成させます。

　②マスターブランドのフルメッセージを最終的には 300 字程度の文章にまとめあげることです（ブランドパーソナリティの反映は維持します）。これがマスターブランドのブランドメッセージです。

　③マスターブランドのブランドメッセージと第３節で説明をしたターゲット別価値提案を融合させてパーソナルキャリアブランドのブランドメッセージを作ることです。この際、ターゲット別価値提案のパートにもブランドパーソナリティの表現とトーンの原則を適用します。

以上のような目的を持っていますので、本項を読みながら開発作業を進めるよりは、まず本項と第 2 項のパーソナリティを読んでから作業を開始されることをお勧めします。

　なお、作成するブランドメッセージは次の 3 点を満たすことを基準とします。以下では説明のために、ブランド化する本人を A さん、そして、その対象者つまり A さんからの自己紹介やプレゼンテーション等を受ける人または人達をオーディエンスと呼びます：

①認知されること：A さんの氏名と A さんの専門分野が一体となってオーディエンスの記憶の中に残ることです。A さんが「街づくりのプロフェッショナル」として自己紹介等を行ったとすると、オーディエンスの記憶の中で、A さん＝「街づくりのプロフェッショナル」という形が定着する状態です。後にオーディエンスが「街づくり」という言葉に触れると A さんの氏名を思い出すことになれば A さんについての認知が形成されたことになります。或いは、後に A さんの話題になったときに、「街づくりのプロフェッショナル」が思い出される、ということも大切です。

②連想が作られること：A さんのブランドメッセージの一部がオーディエンスの持っている記憶群の中に繋がります。その結果 A さんについての強く、好ましい連想がオーディエンスの連想体系の一部として定着する状態です。後日、メッセージの中で示されたキーワード、情景、逸話等にオーディエンスが遭遇すると A さんを思い出すことが期待されます。

③差別化されること：A さんの持っている他人とは一味違う A さんならではの個性や特徴がオーディエンスの記憶に残ることです。

開発工程は 3 つのパートから成ります：

• マスターブランドメッセージを作成するパート

- ターゲット別価値提案メッセージを確認するパート
- マスターブランド＋ターゲット別価値提案を作成するパート

マスターブランドメッセージを作成するパート

以下を準備する：

- 図表 7 の「ゴール、プロセス、バリューによるストーリー作りシート」に記入をした内容
- 本節第 2 項で確定した自身の「パーソナリティ説明シート」

　このパートは、上記の「ストーリー作りシート」の内容に基づき、まずは 600 字前後の文章を作成して、最終的に 300 字前後に落とし込む作業を行います。文章化する際には自身のパーソナリティを意識してトーンを統一するようにしてください。では、以下の文章構成を参考にして文章を作成してください：

①ゴールを簡潔に解りやすくワンセンテンスで表現します：

　明瞭・簡潔で、貴方らしい表現で、際立つような 1 文で表現しましょう。

②何故そのゴールを設定したか、「熱き想い」が伝わるように表現します：

　そのゴールを設定することを決めた背景や想いが伝わる逸話があれば、それを挿入しましょう。自己紹介やプレゼンテーションの受け手であるオーディエンスの情緒的な巻き込みが得られるような逸話や理由があると共感を得ることができ。この後のストーリーに興味を持って頂けるでしょう。

②ゴールに到達或いは達成をするための具体的なステップを語りましょう：

　図表 7 のシートに書き出した主要 CSF の優先順位順、つまり、成否を握っているような重要な課題順に取り上げて、それをどのようにクリアするかを述べます。ここで重要なのは、ゴール到達への真剣さ、そして、課題 (主要 CSF) をクリアするために活用する自分のスキル、能力、人

的資源等の大きな意味での「強み」を印象付けることです。プロセスの部分は最も字数が必要なところで、600字から300字に落とし込む際に短縮したり削除したりするところですので、きちっと主要CSFを優先順位順に並べて文章化されていることが重要です。そうすれば、後は必要に応じて相対的に低い優先順位項目を削っていけばよいだけです。

④行動規範を入れ込んでおきましょう：

ゴール到達／達成のための意思決定や行動する際に大切にする価値観を簡潔に文章化しましょう。上記③のプロセス全般に取り組む際に重視する行動規範でも、もちろん構いません。

⑤セカンダリーターゲットにとってのベネフィットに触れましょう：

まずは、自分のマスターブランドのセカンダリーターゲットを決定しましょう。次に、自分自身のゴールを達成した場合に、セカンダリーターゲットに提供できそうなベネフィットをリストアップして、その中で最も訴求力があると思うポイントを文章化しましょう。但し、この時点で具体的なセカンダリーターゲットが思い浮かばなければ、無理に設定する必要はありません。将来、具体的なターゲットがより明瞭になった時点で再考し付け加えましょう。

⑥最後に、ゴールをもう一度宣言するか、或いは別途タグラインを作成して、ここに置きます：

全体の字数の状況に応じて、ゴールをそのまま宣言するか、または更に短くするかを決定しましょう。また、ゴールだけでなく、マスターブランドメッセージ全体を反映した簡潔な表現で締めくくりたければ、別途タグラインを作成します。タグラインの作成手順については後で述べます。

　以上の構成で、図表7のシートに示した「マスターブランドのメインストーリー」を作成してある場合は、箇条書きの文章を繋げて、まずは600字前後の文章として完成してください。また、まだメインストー

リーの作成に至っていない場合は、シート上の各項目を使って600字前後の文章を作ってください。1つの独立したストーリーとして読める程度（つまり箇条書きを繋ぎ合わせたような文章ではない程度）に整理整頓をして文章を書いてみてください。図表7のシート上の情報が整理されていれば、意外と600字程度には、すんなりとまとまるはずです。

　この際に気を付けることは、メッセージは広告等のコピーライティングである必要はないということです。コピーライティングは、熟練が必要なプロフェッショナルな技ですから、そうした経験やスキルを持ち合わせていないのに無理をしても、時間の浪費と独りよがりの結果を招くだけです。普通の文章を書くように平易な表現で解りやすく書くことを優先すればよいでしょう。

　ここで、もしも可能であれば家族、友人等に出来上がった600字のストーリーを読んでもらいましょう。内容の良し悪しとか、好き嫌いではなく、文章として読みやすいか、内容を理解できるかをチェックしてもらいましょう。

　次に、300字前後に纏め上げることにチャレンジします。何回かの試行錯誤が必要ですが、主に、プロセスのストーリーを構成する主要なCSFとそれをクリアする（乗り越える）ために活用する、大きな意味での「強み」を厳選すること、行動規範の内容を簡潔にすること、そして、全体として文章を短くすることで約半分の量まで落とし込みます。600字の文章をチェックした段階で、よく整理されて理解できる文章が出来上がっていれば、300字に短縮することは、それ程難しくありません。300字に短縮（凝縮）した方が、かえってスッキリとして訴求力があるストーリーとなる場合が多いようです。無駄な装飾がなくなり、自分の訴求したい真の姿がシャープに表現されるからでしょう。なお蛇足ですが、600字や300字という字数制限をつけて作文をする場合は、MS Wordのようなソフトで表示される字数を参考にして作成されるとよいでしょう。

　ここで紹介をした文章構成そして 300 字前後の文章というイメージを掴むために、本節の第 3 項に示した PC（パーソナルキャリア）マスターブランドメッセージ例の 1）と 2）をご覧ください。この作例は、どちらも、モデルとした例に関して、図表 7 の「ストーリー作りシート」に示したようなキーワードを書き出し、箇条書きの文章を作り、それらを繋げて 600 字前後の文章を作成したあと、300 字前後へと短縮（凝縮）をして作り出したメッセージです。

　最後に 6 番目の構成要素として挙げたタグライン作り、つまり、この約 300 字の文章のエッセンスを取り出す作業を行います。" 私のブランドメッセージを一言で言うと？" という質問に答えることになります。といっても、あまり抽象性を高めることで短くしても、結局はそれを説明するための文章が必要になっては本末転倒になります。

　ステップとしては、最初に 50 字程度にブランドメッセージをまとめてみます。これは結局、実質的に重要なキーワードを拾うという作業になるでしょう。そしてこれを更に 20 字前後にシャープに尖らせることができれば、それがタグラインになるでしょう。タグラインそのものの見た目にこだわって磨いていくと、本来の意味が伝わらなくなります。前述のようにプロのコピーライターでも苦労するところですから、手短に伝わることを優先して作るとよいでしょう。また、作成を終了したら周りの人に何を伝えようとしているか、伝わるかどうかをチェックするとよいでしょう。もちろん最初から完成した姿を目指しますが、作成後もブランドメッセージとタグラインの組合せで様々な場面で試し、反応をみることで少しずつ磨きをかけていくとよいでしょう。但し、6 番目の構成要素の中でも触れたように、無理をして 300 字のメッセージをタグラインに押し込める必要はありません。もしも、ゴールを更にシャープにして最後の締めとして語る方がインパクトがあると思えば、その方法を採用することもよいでしょう。

ターゲット別価値提案メッセージを確認するパート

　次に、必要に応じてマスターブランドに具体性或いはスパイスを付加する役割を持つ、ターゲット別価値提案のメッセージ作りについて触れたいと思います。ただ、基本的にターゲット別価値提案そのものがすでに具体的な特定のターゲットに向けた価値提案になっていますので、あらためて作成することもなく、決定するのは如何にしてマスターブランドの内容と整合させて組み込むかです。それを決定する最も重要な点が、特定したターゲットの求人内容と自身のマスターブランドのゴールとの間に整合性があるかどうかです。マスターブランドのゴール作りは MY PPF シートから得た、自分自身の過去から未来にわたってのライフストーリーに基づき作成しているので、マスターブランドのゴールもターゲット別の案件への応募も同じ線上にあるはずです。例えば 7 年後にプロの経営者を目指すと置いている線上で、マーケティングディレクターの職に応募することは筋が通っていますが、例えば 7 年後にプロサーファーに成っている姿を描いて、マーケティングディレクター職に応募をしているのであれば、その関係性やステップを充分に説明する時間が必要で、場合によっては本筋からはずれたところで時間を費やすことになるかもしれません。この場合は、むしろマスターブランドについては触れずに、ターゲット別価値提案に集中したオープニングにする方がよいでしょう。このように、マスターブランドとの融合を行う前に、マスターブランド（特に、そのゴール）とターゲット別価値提案との間の整合性を確認することが重要です。

マスターブランド＋ターゲット別価値提案を作成するパート

　それでは、マスターブランドとターゲット別価値提案の目的とターゲットが整合している場合を前提にしてターゲット別価値提案を、マスターブランドストーリーのどこに入れ込むのかということを転職の面接の場を想定して説明をしたいと思います。

　まずは、ジョブ型雇用の面接の場合です。この場合、最も配慮すべきは面接官の目的は非常に明瞭になっている点です。つまり、人材要件や募集対象の職務記述書と応募者の職務経歴等とが適合しているどうかを検討・評価するということです。従って、面接のオープニングにおいても、できるだけ早い段階でその焦点となるポイントに応えるような構成にする必要があります。つまり、あまり長い時間をマスターブランドの内容に費やさない方がよいだろうということです。こうした点を加味して、最もスムーズな流れは、自分のスピーチ（自己紹介）で最初に言及した自分自身の長期的なゴール、その内容の説明と選んだ理由の後に、そのゴールに到達するための課題と、それを解決していくというプロセスのストーリーの中核に今回の応募に関するターゲット別価値提案を置く事です。つまり、今回のオポチュニティを掴み、求められているパフォーマンスを全うすることは自分の将来（＝ゴール）を決する重要なチャレンジであり、是非、合格してこのジョブに取り組みターゲット企業の業績に貢献したいという熱意を伝えることができるでしょう。その基礎の上に、具体的なターゲット別価値提案を提示することになります。ターゲット別価値提案を提示した後は２つのパターンが想定できます。１つは、最後に７年後のゴールに言及してタグラインを言って終えるパターン、もう一つは、マスターブランドには触れないでターゲット別価値提案へのコミットメントを表明して終えるパターンです。これは最初に自分のゴールを持ち出したときの相手の反応次第です。目を輝かせて聞いて頂いたようであれば、最後にその話題に戻るのがよいと思いますが、おそらくターゲット別価値提案へのコミットメントの再度の表明の方が、後の話が繋がりやすいでしょう。従ってこの場合は、マスターブランドとターゲット別価値提案との比率は、３対７或いは、２対８程度が適当でしょう。

　次に、メンバーシップ型雇用の面接で、ジョブ型よりもう少しのりしろがある場合です。この場合も、もちろんマスターブランドのゴールと特定

のターゲットへの応募内容との間に整合性があることが前提です。ここでも、もちろん履歴や職務経歴は重要な要素ですが、どのような価値観を持ちどこに向かって生きようとしているか、そして、その上でのターゲット企業と応募者との間の相性という点も重視される傾向がありますので、時間が許せばフルメッセージに近いマスターブランドの話をしてから、ターゲット別価値提案を語るということでもよいでしょう。もちろんターゲット別価値提案の位置づけとしては、ジョブ型雇用のケースと同様に、マスターブランドのゴールへの到達のために、当該オポチュニティが非常に重要であるということを伝えなければなりません。また、この場合はマスターブランドの要素の中で、特にバリューが伝わることを心掛けるとよいでしょう。つまり、ゴールに到達するためのプロセスで、実施する行動を選択したり行動する際に重視して準じる、行動基準や行動規範を示すということです。このようにターゲット別価値提案は、ゴール到達のためのプロセスで必ずクリアしなければならない課題の一つとして入れ込むのがよいでしょう。最後は、再びゴールについて触れるというエンディングが自然だと思います（タグラインを入れてもよいでしょう）。

　このケースは、マスターブランドとターゲット別価値提案の関係は、ほぼ、五分五分でよいと考えています。

　ここでは、転職に関わるジョブインタビューを事例として説明しましたが、他に色々と想定されるターゲット別価値提案についても以上のような考え方をガイドラインとして、ターゲット別価値提案を入れ込んだ文章を1分から2分程度の長さで準備をしてみましょう。ターゲット別価値提案の内容は、ジョブ型雇用に備える場合は、図表9「人材要件対応チェックのイメージ」の価値提供シナリオの内容から、その優先順位に従って目標の時間内に収まるように構成をします。また、ジョブ型雇用タイプ以外の目的とターゲットの場合は、その情報源は基本的には職務経歴書になりますので、職務経歴書については周到な準備をしておくとよいでしょう。

　いずれの場合も、マスターブランドと混合することで、前半部分の人と
しての見通しのよさや志の高さと、後半部分のターゲットへのピンポイン
トな価値提案を伝えることで単純に応募要件との適合度合いを訴求した
り、年齢相応の職務経験を示したりする以上の差別化効果を期待できるは
ずです。そもそも多くの応募者は、面接のオープニングでは履歴書事項の
確認程度のことに終始するでしょう。従ってマスターブランドのプレゼン
から面接を開始すること自体、印象を残すこと（他の応募者に対して際立
つことになる）になるでしょう。その上にターゲット別価値提案によって
ズバリ本題のセリングに繋げるわけですから、更に自分自身に対する認知
が高まるはずです。実際にこれがマスターブランドにとってのターゲット
別価値提案の意味であり、ターゲット別価値提案にとってのマスターブラ
ンドの価値になるという、一種の相互扶助の関係というわけです。それが
まさしくマスターブランド＋ターゲット別価値提案で構成されるパーソ
ナルキャリアブランドの効果ということになります。

　しかしながら、繰り返しになりますがマスターブランドのゴールに、あ
まりにも具体的なことを設定していると、転職やダブルジョブ等と全く関
連性が無いか、場合によっては相反してしまう場合も考えられます。この
場合はこのマスターブランドとターゲット別価値提案との間に成立すべき
相互扶助的な関係が存在しませんので、マスターブランドとターゲット別
価値提案の組合せは避けた方が懸命でしょう。ターゲット別価値提案の
み、或いは、もともとの履歴書と職務経歴書のみで活動を行うことが懸命
です。いずれにせよ、この場合はキャリアデザイン上に無理や矛盾の可能
性があると思いますので熟慮が必要になるでしょう。但し、もちろんマス
ターブランドのゴール、プロセス、バリューを、もう少し抽象性の高いレ
ベルで設定をしておけば、少なくとも当面の間具体的な矛盾は顕在化しな
いでしょう。

　なお、ターゲット別価値提案の目的が社会人大学院への入学というよう

な場合は、これも先方のアドミッションポリシーと自分自身の学歴と職務経歴、そしてコアコンピテンシーとの適合を訴求する必要がありますが、それと同時に応募者の価値観や将来への計画そして、その大学院の持っている文化との相性のような点も大学院側は重視をするので、マスターブランドの効果が出やすいといえるでしょう。アドミッションポリシーは基本的にいつでも入手できますから、充分な時間をかけて応募書類の整備を行えると思いますので、そこから抽出したターゲット別価値提案をマスターブランドのストーリーに埋め込んでパーソナルキャリアブランドを作ればよいということになります。おそらく、この動きは余程特殊なゴールでない限り相反するようなことはないでしょうから、ゴールを達成するプロセスを構成する要因として大学院への入学を組み込むことで容易にストーリー化ができるでしょう。このタイプのターゲット別価値提案は、最もマスターブランドと親和性が高いと言えるでしょう。面接等の開始からの最初の1分で、このターゲット別価値提案とマスターブランドを組み合わせたパーソナルキャリアブランドを語ることで、相当、強い印象を構築できるはずです。

　その他、例えば独立を目的としたターゲット別価値提案は相当独自性があり自律的な内容ですから、おそらくこれもマスターブランドのゴール、プロセス、バリューに深く関わっていると思います。そこに時間軸における整合性が存在する独立であれば、非常にきれいなストーリーが描けるでしょうし、一方で10年後に企業でのトップを目指すといっておきながら、独立というストーリーは当然成立しにくいでしょう。対象者が資金提供者のような場合は、具体的な事業計画に、もちろん強い興味を持っていますが、それと同時に本人についての関心も非常に高いので、例えばプレゼンテーションの最初の1分間に、美しく整合性のとれた自己ブランドの語りから入ることで、後に続くプレゼンテーションへの興味を上げることができるはずです。

　以上、ターゲット別価値提案とマスターブランドの調合については様々な場合が考えられますが基本に置いておくべきことが、再三述べているように相互に高めあえる可能性です。もしも具体的な転職の応募に、自身のマスターブランドの意味がある、或いは、効果があると思えばターゲット別価値提案を作成してマスターブランドに付加すればよいですし、それが認められないようであれば、わざわざターゲット別価値提案を作成する必要もなく、履歴書と職務経歴書の内容を充実することに集中した方がよいかもしれません。ただ、一般的には明瞭な自分ブランドを持っていることが伝わってくる候補者に対しての方が求人側も興味を持ちやすく、またその点で記憶に残りやすいと思いますので、できる限りマスターブランド＋ターゲット別価値提案によるパーソナルキャリアブランドの効果を活用して頂ければと思います。

第２項　パーソナリティ

　ここで言及するパーソナリティとは図表１の右側に位置する同心円の外側の円に示しているパーソナリティのことです。第１節第１項の事前準備のところでも触れましたが、アーカー（1997）は、ブランド作りの中でブランドパーソナリティを用いる理由として、①人々のブランドに対する知覚や態度に関する理解を深める、②ブランドアイデンティティの差別化に貢献する、③コミュニケーション活動の指針となる、④ブランドエクイティを創造する、の４点を挙げています。もちろん、ここで言うブランドとは製品、サービス或いは企業につけているブランドのことを指していますので、そこにパーソナリティを植え付けて擬人化をする理由を説明している、とうことになります。本書では人のブランド化を図っていますので、当然、そこにはすでに個々人のパーソナリティが備わっています。が、そのパーソナリティの把握と理解についてブランドのターゲット

（スピーチの場合は聴衆）の観察に単純に委ねるよりは、ブランド化を図っている主体の方から積極的にパーソナリティを伝えるためにパーソナルキャリアブランドのブランドメッセージや、コミュニケーション表現にそれを反映させようというのが、図表1の右側においた⑦ブランドメッセージを囲むパーソナリティの狙いです。

　具体的には既述のアーカー（1997）が述べているブランドにパーソナリティを与える理由を、人のブランド化に対しても効果として与えようとしているわけです。簡単にその狙いを述べると、アーカー（1997）の①に相当するように、「私は、ざっと、こんな感じの人です」と伝えることによって親しみを与え、受容性を高めるということが第1の狙いです。なんだかよく解らない人の意見にはなかなか興味を示して頂けないでしょう。アーカー（1997）の②ブランドアイデンティティの差別化に相当するところは特に重要です。これはプロダクトブランドの例になりますが、競争相手の競争優位性を希釈化するために、競争相手が主張している差別化点と同じベネフィットを作って顧客にオファーするという戦略があります。このプロダクト上の真似（コピー）は、プロダクトを支えている属性、或いは製品特徴を競合製品に類似したものに変えることによって可能ですから比較的簡単にできますが、競合が持っているパーソナリティをコピーすることはなかなか困難です。それはパーソナリティの構築には相当な期間のメディアへの露出が必要ですから時間と資金が必要です。また例えそれに近づいても、競争相手と同じパーソナリティをわざわざ作った結果として自ブランドの存在意義が失われるだけですから、そのような愚行はしないでしょう。人をブランド化する場合も、自身のブランドのアイデンティティを明確にして、他のブランドと明確な差別化を図ることが重要で、一度構築することができれば他者に真似される危険性が低い、貴重な競争優位性のベースを作ることができます。この最初の2点が、ブランドメッセージに明確なパーソナリティを付加することの理由ということになりま

す。

　また、パーソナリティのコミュニケーション上の重要な点がアーカー（1997）の③パーソナリティはコミュニニケーション活動の指針となるという点で、例えばメッセージの表現上で独特のトーンを作り長期的に一貫したイメージを構築することが可能になります。

　パーソナリティの作り方としては、プロダクトや企業の場合は、最初に人間に例えるとしたらどのような人かという点を明瞭にして、それを文章とそれに伴う形容詞や名詞で表現をします。これに基づき、様々なコミュニケーション上のクリエイティブの決まりを作り、全てのブランドコミュニケーションに適用してそのプロダクト（サービス）や企業のパーソナリティを反映したブランドアイデンティティの安定した運用を行います。従って、ブランドのパーソナリティはブランドコミュニケーションの中核に位置していることになります。

　以上のように、自分自身への理解を深めてもらう、他者に対して真似されにくい差別化のポイントを作る、クリエイティブ上の指針とする、といった機能を持つパーソナリティですが、人にあてはめた場合にこれを作り出すポイントは何でしょうか？プロダクトのパーソナリティと異なり人のブランド化におけるパーソナリティはゼロからの出発ではなく、すでに人としてのパーソナリティが備わっていますのでそれを利用することになります。もちろん自身のパーソナリティについて自分自身で「私は、コレコレという人間です」、と書き出してもらってもよいと思いますし、ブランドはブランドオーナーが全てを決定すればよい、という側面も尊重されるべきです。一方、ブランドの正体は対象者やオーディエンスのマインドに現れる姿なので、その２者の間にあまりに大きな差異が存在する場合は、ブランド構築の効率を極端に下げてしまう可能性があります。そこで以下のような手順で自分のパーソナリティを確定することをお勧めします：

①事前準備として実施することを推奨したビッグ5（Goldberg（1990））によるパーソナリティテストの10項目の質問版（Ten Item Personality Inventory（TIPI-J））（小塩、阿部、ピノ（2012））によるテスト結果から得た自分の特性を反映して、自分自身を表す文章を2，3作成することでパーソナリティを決定していきます。例えば、「私はアウトドア派で、休日は大自然の中でソロキャンプをすることが何よりも楽しみな30歳代のパーソンです」とか、「私は休日に気の置けない仲間達と、一流ホテルのアフタヌーンティーに行くのが最高の幸せです」というような自分のライフスタイルや価値観のようなものを表す文章を通じてパーソナリティを表現するわけです（パーソナリティテストの類型にある特性を直接表現する必要はありません）。

②もう一つは、文章ではなく自分自身を名詞、形容詞（副詞）で表現をすることです。これは自分だけでは偏りがあると思えば、家族や友人に「私を一言で表現するとしたら、どのような名詞や形容詞（副詞）を使いますか？」と質問をしてみたらどうでしょうか？更には、こうなりたいと思うような名詞や形容詞をも含めて、大体5つ程度の名詞、形容詞で自分のパーソナリティを決定しましょう。

①で作った自分を表す文章と②で収集し作成した名詞、形容詞（副詞）は1枚の紙に記録をして、自分のパーソナリティシートとして第1項のメッセージ開発工程でメッセージの表現に反映をします。また、第5節のコミュニケーションにも反映しましょう。

第3項　PC（パーソナルキャリア）マスターブランドオニオン とメッセージ例

　本書は、マスターブランド＋ターゲット別価値提案で構成されるパーソナルキャリアブランドの作成を原則としますが、場合によってターゲット別価値提案は当面必要ないと思われる方もいらっしゃるかもしれません。そこで、マスターブランド単一で作成するパーソナルキャリアマスターブランドのコンセプトについても、ここで提案をしたいと思います。といっても、内容自体や作成の方法を大きく変えるわけではなく、コンセプトの中味を重層的に説明しただけで、図表10で表すようにブランドオニオンの手法（構成は異なりますが）で表現をし直したものです。なお、英語で表現をしてありますが、日本語圏以外でも理解できるようにという

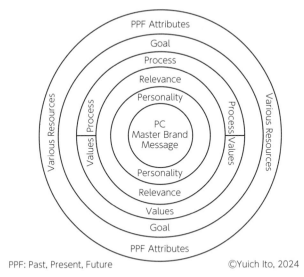

PPF: Past, Present, Future　　　　　　　　　　　©Yuich Ito, 2024

PC (Personal Career) Master Brand Onion

図表 10　PC（パーソナルキャリア）マスターブランドオニオン

目的と、比較的字数が多いので漢字とカナで示すとデザイン的に重くなるという理由からです。この図表では、同心円の外側から円の中心に向かって、各円に示してある要素を加えて行くと、最終的に同心円の中心の円に示された "PC(Personal Career) Master Brand Message" を完成できるということを表現しています。今までの説明と重複する部分もありますが、一応、図表１０のロジックの流れだけを以下に示しておきます：

1）PPF シートに基づき、ライフストーリーを構成する様々な要素を準備する。また、事前準備情報や自分が活用できるリソースについても確定する。

2）１）の要素や情報に基づき７年間程度のキャリア上のゴールを設定する。

3）ゴール達成のための CSF と、それらをクリアするための道筋と作戦、そして行動規範を含む自分のブランドストーリーの大筋を作る。PPF の要素や様々なリソースを活用する。

4）自分のマスターブランドを訴求する対象を少し絞って、対象の人々が関心を持つような要素や語りの方法を付け加える。

5）自分らしさを演出するような名詞、形容詞（副詞）の要素も加味して、ブランドストーリーの大筋を整理して PC マスターブランドメッセージを作成する。

長さとしては、最初に６００字程度のメッセージを作成して、それを３００字程度までに磨いていくというステップで取組まれるとよいでしょう。

次に２つほどマスターブランドのメッセージ例を紹介しましょう。図表１０のブランドオニオンに基づき PC マスターブランドメッセージを作成した例です。メッセージ例１）は、やや字数オーバーですが、例２）は、ほぼ３００字のメッセージです。３００字、約１分間のスピーチで、どの程度のことが訴求できるかの見当をつけることもできるでしょう。もちろ

ん、これらのメッセージ例は本節で説明したパーソナルキャリアブランド
メッセージのマスターブランド比率が 100 ％の場合にもあてはまります。

メッセージ例　1)

"会社を良くする" 唯一無二のコンサルタントになる

　高校生の頃父親の経営する会社が倒産。会社を良くする仕事につこうと
決心しました。高校卒業後、様々な仕事をこなしながら大学を卒業、更に
学問を通じて会社を良くするために大学院に進学。しかし限界を感じ在学
中に経営コンサルティング会社に就職。以来 15 年近く素晴らしい師匠に
も恵まれ一流企業の案件で鍛えられました。私の持論は経験とは修羅場の
数であり、コンサルタントとしての自分自身を極限にまで磨き、会社をよ
くする極意に到達するために、世界で最も厳しいニューヨークでコンサル
ティング会社を設立します。英語力の研鑽と現地での人的ネットワークの
糸口を作ることに現在取り組んでいます。持ち前の献身的努力と執着心で
必ず成功します。

PPF アトリビューツ：
父の会社の倒産。会社を良くすること。大学院から経営コンサルティン
グ会社に就職。師匠との出会い。一流企業案件でのコンサル経験（成功体
験）。献身的努力と執着心（強み）。
ゴール：
会社をよくする唯一無二のコンサルタント。
プロセス：
ニューヨークでコンサルティング会社を設立する。そのために、英語力の
研鑽と人的ネットワークの糸口の模索。
バリュー：
修羅場の経験を通して本質が掴める。会社をよくする。

レレバンス：

会社をよくすることができる。

パーソナリティ：

ストイック、タフ、粘着質、プロフェッショナル。

メッセージ例　２）

サステナブルな成長機会を最大化するプロの経営者を目指して

　米国で MBA を取得後約 10 年間のブランド別経営で、バランスに優れたマーケティング力とバリューチェインに関わる全ての人々を巻き込むリーダーシップで収益目標を達成してきました。この経験を礎として、今後 7 年間でマーケティング部長から事業部長というキャリアパスを通る中で、経営メンバーとしての経験を積み、経営者に求められるコンピテンシーや胆力を強化し、オーナーにも従業員にも尊敬、感謝されるプロの経営者になります。事業承継者不足に悩む企業や、日本市場における好業績を目指すグローバル企業において、サステナブルな成長と競争優位をもたらすプロの経営者を目指します。

PPF アトリビューツ：

MBA。10 年間のブランド別マネジメント。バランスのとれたマーケティング力。バリューチェイン全般へのリーダーシップ。成功体験（ブランド別経営における収益目標達成）。

ゴール：

サステナブルな成長機会を最大化するプロの経営者。

プロセス：

マーケティング部長→事業（セールス＆マーケティング）部長のキャリアパスを成功体験、バリューチェイン全般を導くリーダーシップで通過して、経営者に必要なコンピテンシーや胆力を養う。

バリュー：

サステナブルな経営、オーナー/ 従業員の満足。

レレバンス：

事業承継者不足に悩む企業や外資系企業の経営者サーチに応えることができる。

パーソナリティ：

インターナショナル、プロアクティブ、ハーモニー、サステナブル、プロフェッショナル。

コミュニケーションとパーソナル キャリアブランディングの効果

　ブランドの作成はブランドのコンセプト或いはメッセージを作成するまでを言います。一般的には、ブランドの作成と構築を混同する場合もあるようですが、ブランドの構築は最終的にターゲットのマインドにブランドのメッセージが届いて、そこにブランドエクイティができるまでを構築と呼びます。もう少し厳密に言えば、構築をした後にその結果のフィードバックを受けて、改善をして、また発信をするというようなループを構築したと呼ぶのかもしれません。ブランドの作成にエネルギーを費やし過ぎて、構築まで手が回らないとうい場合や、ブランド作成が終了してホットして終わってしまうという場合も少なくありません。個人でブランディングをするとなると、その資源は限られていますし企業のように体系だったコミュニケーション計画を実施することは叶わないとは思いますが、一応、方針だけはたてておく必要があると思いますので、コミュニケーションからフィードバックの流れの考え方を簡単に紹介したいと思います。

　コミュニケーションの計画は、基本的には一般的な計画の原則である5W1Hを定めることで充分でしょう。すなわち誰に対して、何故（目的）、いつ、どこで、何を（コンテンツ）、どの程度、実施するかを決定すればよい、ということです：

誰に対して：　　コミュニケーション上のターゲット。マスターブランドの場合は広めに、ターゲット別価値提案の場合は確定されたターゲットと同じと考えればよいでしょう。また2つを足しあげたパーソナルキャリアブランドの場合は

ターゲット別価値提案のターゲットや目的を勘案して決定することになります。

何故（目的）：　これも、「誰に対して」で、示したようにターゲット要件と同じ要領で決定をすればよいでしょう。

いつ：　　　　この「いつ」はスケジューリングです。社内での異動を狙うとか転職、また、大学院への入学は締め切りがありますので、それを意識することになるでしょう。

どこで：　　　これはメディアです。現在は SNS が活用できますのでこのオプションは豊富にあると言えるでしょう。

何を：　　　　クリエイティブです。ブランドメッセージは完成していますので、掲載するメディアに応じて少し手直しをすることになるでしょう。

どの程度：　　スケジュールとも関連しますが、メディアに掲載或いは投下する頻度やリーチ、そして予算ということになるでしょう。

以上は、大きくメディアの計画とクリエイティブの計画に分けることができますので、各々について更に検討をしてみましょう。

　まずは、クリエイティブ或いはコンテンツについてです。ブランドの構築で重要なのはブランド認知とブランド連想の 2 点ですが、クリエイティブは特にブランド連想に大きく影響します。すなわち第三者が例えば、その人の氏名を聞いたときに、何を思い出すかです。ケラー（2000）は強さ、好ましさ、ユニークさが重要と考え、アーカー（1997）は、知覚品質や連想の豊かさと考えています。これらを実現するには、シンプル（明瞭で簡潔）で解りやすく、ユニークなクリエイティブが必要ということになるでしょう。個人で取組んでいるブランディングですので、プロのコピーライターに依頼することは難しいと思います。こうした基本を心に留めて作成したブランドメッセージに、以下で示す各メディアに相応しい

表現とするために、多少の調整をして発信をするということで充分であろうと思います。一般的に言って、マスターブランドは対象とするターゲットが広いので、その分表現も標準的になりますし、プロダクトブランドはターゲットと広告目的に合わせて、様々な表現になるでしょう。例えば、もともと消費者の興味が低い商品カテゴリーで、更に高いブランド認知を狙うようなクリエイティブは相当エッジの尖ったものとなる場合もあるでしょう。しかし、無理をして（専門家ではないにもかかわらず）奇抜なコピーライティングをすると、かえって読者を選ぶことになってしまうので注意が必要です。

　次にメディアについてです。ブランドの構築では特にブランド認知に大きく影響します。ブランドの認知は基本的にメディアへの露出頻度と比例をしますし、また一般的には認知をされるための閾値（threshold）が存在しますので予算がなければ、閾値にも到達できず全てが無駄になる場合もあります。但し、閾値を超えればクリエイティブの強さである程度認知をとる可能性はあります。いずれにせよ企業が買うようなメディアは、予算額で到底勝ち目がありませんので、企業ブランドのメディア戦略のようにマルチプラットフォームで体系だったコミュニケーション活動を行うことは困難です。ただ、ここではパーソナルキャリアブランドのブランドメッセージを発信することを主眼としていますが、この発信そのものが他の目的の一部、例えばコンサルティングファームや会計事務所を開業している人の自己紹介として行われる場合は全く異なる話になります。その場合は、その企業のコミュニケーション戦略の一部として一定の規模を持って実施できるでしょう。あくまでも個人が自分のパーソナルキャリアブランドを発信するという規模に限ると、最終的には（広義の）オウンドメディアによる活動ということに限られるでしょう。そもそもパーソナルブランディングが脚光を浴びるようになった理由の一つが初期は、ブログの普及そして、それに続くSNSの普及で自分のアカウントやチャネル等

のブランディングが注目されてきたという背景があります。（広義の）オウンドメディアはオンラインとオフラインに分けられますが、本書のようにキャリアとういう視点でのブランディングというと、（特に海外では）オンラインではリンクトインが重視をされる傾向にあります。実際、リンクトインのためのパーソナルブランディング（または、その逆）という著書を多く見かけます。もちろん、他のどの SNS も活用できるでしょうが各々にメディア特性が異なりますので、それを加味するか、或いは自分自身の発信条件でキャリアに関連すること、という条件の比重を落とせば様々な SNS を活用できるでしょう。その選択や運用については、多くの優れた著書が市場に豊富にあると思いますので、そちらに譲ります。

　本書では、比較的オフラインのメディア或いはコミュニケーションオポチュニティに注目をしています。それは、例えばキャリアに影響を及ぼすような出会いというのは、それ程大きなスケールで認知向上の活動を行わなくても効果的に実施できると考えているからです。転職に話を絞れば、ダイレクトスカウティングやリクルーティング或いは、グローバルに一定以上のポジションを狙うのであれば、外資系のエグゼクティブサーチファームのコンサルタントの方達との関係性を構築することが重要であると思います。彼らとの出会いは、最終的な目標とする企業のジョブインタビューへのプロローグですから、自分自身のマスターブランド、それに加えて、狙っているターゲット企業やポジションのターゲット別価値提案を駆使した最初の印象作りで長期にわたるお付き合いの扉を開くことができるでしょう。また、偶然の人との出会いは転職に限らず、ダブルジョブ、起業さらには MBA 等の学位の取得へのきっかけとなりますので、大きく扉を開けておき様々な集まりに参加されて積極的にブランドメッセージを発信して、ブランド認知の構築をすることをお勧めしたいと思います。人との出会いの場の拡大と、自分にあった SNS というプラットフォームで個人でも目的にあったブランド構築ができるでしょう。

最初に図表１の説明の中で述べたように、こうしてコミュニケーション媒体を通してターゲットのマインドに到達、或いは、少し認知心理学的に表現をすれば、準備をしたブランドメッセージが対象者の知覚のフィルターを通ることに成功して、認知され、短期的な記憶として吟味され、その狭いフィルターを首尾よく通って長期記憶の中に転移し定着するという状態に至ると、そのブランドはターゲットの中にブランドエクイティを構築した、と解釈されます。アーカー（1997）は、ブランドロイヤルティ、ブランド認知、知覚品質、ブランド連想、その他のブランド資産を主要な資産と呼び、ケラー（2000）は、知識効果として、ブランド認知（深さ：再生、再認と幅：購買、消費）とブランド連想（強さ、好ましさ、ユニークさ）をブランドエクイティの構成要素として掲げています。また、Gorbatov et al.(2020)はパーソナルブランドに固有なブランドエクイティについての実証的な調査を行って、ブランドアピール、ブランド差別化、ブランド認知をパーソナルブランドのブランドエクイティを構成する要素としました。これらの三者三様の表現を意味的に集約すると、認知、連想、差別化ということになるでしょう。やや乱暴に文章化すると、Ａさんがブランドメッセージを発信してきた結果として、ターゲットとした対象者の記憶の中に、Ａさんの名前と、メッセージで語った主要な内容が、他の人とは一味違った特徴として残るという状態になるわけです。或いは、ＡさんがM&Aのプロフェッショナルとしてパーソナルキャリアブランディングを行ってきたならば、Ａさんのメッセージを受け取ったことがある人が、合弁先を探しているような企業の話を聞くと、Ａさんのことが思い出される、というようなことになれば、単なる認知ではなく、再生認知（トップオブマインド）が形成されたことになります。このようなブランドエクイティ上の成果は、厳密には調査をしなくては解りませんので、個人では明確に確認することは難しいかもしれませんが、ターゲットにしている対象者の中にブランドエクイティが構築された結果であると予測さ

れる現象は確認できるでしょう。それは、例えば SNS におけるフィード
バックやフォロワー数の増加から類推することも可能でしょうし、リンク
トインの結果としての企業からのアプローチ、その他のダイレクトスカウ
ティングやリクリーティングからの連絡なども転職活動に関連する効果と
して考えられます。その他、現職の組織の中でブランディングをしている
場合は、重要な内部プロジェクトへの抜擢、希望していた異動、或いは昇
進ということもあるかもしれません。また、もう少し概念的になります
が、自分自身のための自己啓発や自己理解の促進、不確実な環境の中での
柔軟性や対応力の強化といった点も考えられます。こうした色々な反応か
ら、もっと強化したい点や、修復や改善をしたい点を見つけ出す努力をし
て、それをブランドメッセージの更新に反映させていくという地道な努力
を継続して続けていくことにより、変化に強い自分だけのパーソナルキャ
リアブランドの構築ができるでしょう。

第2章

関連する理論的背景

本 章 の あ ら す じ

　第2章では、本書で提案しているパーソナルキャリアブランディングを支えている理論、或いは見方や考え方を紹介したり解説したりすることを目的としています。従って、第1章の中に出てきた用語や概念等で解らないことは本章を参照することで大体の意味は掴めるような配慮をしています。パーソナルブランディングそのものが学際的なアプローチをとっていますが、本書では、その上にキャリアの要素も加わっていますので細かくフォローしようとすれば際限がなくなります。そこで、ブランディングに関連するテーマに絞っていますが、それに加えてキャリアという側面を反映して思想或いは考え方として本書が大きく影響を受けているライフストーリーとナラティブも含めています。どちらも深いテーマですが、本書でMY PPF（過去、現在、未来）と呼んでいるブランド化する本人の生活や人生を振り返るための基礎となる範囲でレビューをしています。また、キャリア理論については、第1章第1節第2項のMY PPFの記入のところで、必要最小限で取り上げましたが、本書は基本的にはブランディングの範疇に入るテーマを扱っているので、本章で改めて取り上げることはしませんでした。キャリアについては優れた入門書が沢山ありますので、是非、そちらをご覧いただければと思います。というわけで、本章では主にパーソナルブランディング或いはセルフブランディングのレビューを中心に行いたいと思います。パーソナルブランド或いはパーソナルブランディングの研究範囲は、非常に分散していますので、本書に関連している分野に限定すると、いわゆるコンプリヘンシブなレビューとはなりませんが、その領域と重要な用語や構成概念の理解はできると思います。その後に、パーソナルキャリアブランドの作成に直接関連するライフストーリーとナラティブ研究のポイントと同様に、ブランディングに関連

するストーリーテリング（物語、或いはストーリーを語ること）の重要さについて解説をします。章の最後に全体としての考え方に影響を及ぼしていると思われるブランド理論研究を選択して限定し系譜的にレビューをします。

　各々については、著者（発表年）で文中に紹介をしていますので、それに基づき巻末の参照文献から検索をして頂き、ご興味のある文献について直接、お読み頂ければと思います。それでは、最初のテーマである「パーソナルブランディング研究」からお話しを進めます。

パーソナルブランディング研究の系譜的要約

　後述するように、パーソナルブランディングという用語自体について様々な呼称が存在し、当然のことながら定説としての定義をみつけることも容易ではありません。その理由の一つがパーソナルブランディング研究及び、実務へのアプローチの領域が多種多様であることが挙げられます。従って、同じパーソナルブランディングという名前を冠した論文でも、パーソナルブランディングの構成要素について、社会学の概念や理論にもとづいて研究しているものもあれば、心理学或いはマーケティング（プロダクトブランディング）理論に基づくものもあります。また、パーソナルブランディングがポピュラーになった現象を経済学の視点から分析するような論文も存在します。まさに学際的で分散した分野ということができるでしょう。第1章で取組んだ自分自身のパーソナルキャリアブランド作りに関連する理論群としては少し広範で煩雑な印象を受けるかもしれません。そこで、この節ではパーソナルブランディングに関する個々の研究を取り上げて紹介することよりも、はじめにパーソナルブランディング及びそれに準じたタイトルで書かれた論文を集約をした、いわゆる、文献レビュー論文（Literature Review）を参照しながらパーソナルブランディング全体の研究者及び実務家の成果について紹介をしたいと思います。その目的に合った論文として1つ目は2017年まで、そして2つ目は2019年までの期間に発表されたパーソナルブランディング及び関連した文献を収集、分析、集約した論文である2種類の文献レビュー論文を選びました。これらに基づき、特に本書の目的に照らし合わせて、関連が

深いと思われる内容を抽出して参照、紹介しつつ補足をします。そして、この節の最後にパーソナルブランディングの作成プロセスについて参考になると思われる論文やエッセイを幾つか選んで説明をします。

　文献レビュー論文として利用したのは、１つ目は2018年に刊行された"Personal Branding: Interdisciplinary Systematic Review and Research Agenda"で Gorbatov, Khapova,& Lysova によって執筆された文献レビューで2017年までの文献をカバーしています（以下、Gorbatov et al.（2018）と示します。なお、et al. は「等」の略称です）。２つ目は、2020年に刊行された"Old Practice, But Young Research Field; A Systematic Bibliographic Review of Personal Branding"で、Scheidt, Gelhard & Henseler によって執筆された文献レビュー論文で2019年までの文献をカバーしています（以下、Scheidt et al.（2020）と示します）。

　各論に入る前に、研究そして実務の範囲としてのパーソナルブランディングの多様さと分散した状況を例示するために、Scheidt et al.（2020）が整理をしたパーソナルブランディング研究が対象とする人の分類（クラス）と職業（専門）分野の範疇（カテゴリー）について紹介しましょう。パーソナルブランディング研究が実に様々な人そして職業（専門）分野を対象に行われているかが窺えるでしょう。以下、Scheidt et al.（2020）の内容を要約したものです。

　パーソナルブランドとは通常は普通の人々のブランド化を指しますが、ヒューマンブランドの研究分野には３つのクラス（種類）が存在すると、Scheidt et al.（2020）は述べています。（Scheidt et al.（2020）は、**パーソナルブランディングの結果できるものをヒューマンブランドと呼んでいます**）。３つのクラスとは、パーソナルブランド、セレブリティ、そしてアイコンです。すなわち、ヒューマンブランドの研究が対象とする人は、普通の人々、セレブリティ、そしてアイコンの３種類というわけです。

普通の人についての説明は必要無いと思いますので、まずセレブリティですが、Lunardo et al.（2015）は、セレブリティを「テレビ、映画の配役、スペシャルイベントへの登場そしてトークショーやゴシップ雑誌の記事といった広報マシーンにエンゲイジする社会的なエリートの一部」と定義づけています。パーソナルブランディングにおける最初の実証的研究は、セレブリティを対象としたものであった（Thomson,2006）ということですが、セレブリティは、実務家と研究者、両方に人気のあるテーマで、すでにパーソナルブランディングの領域を超えて、専門のジャーナル（学術誌）が発刊されるまでになったということです。それでも未だにパーソナルブランディングをレビューするために論文検索をすると、多くのセレブリティについての研究が含まれると Scheidt et al.（2020）は述べています。セレブリティの研究によると、セレブリティの特徴は、飽きやすい聴衆を反映して、その回転が速い（注目される期間が比較的短く、入れ替わりのサイクルが短い）ということです。そして、セレブリティにとって独占的だった伝統的なメディアであるテレビ、ラジオ、新聞がメディアを独占した時代が去り、ソーシャルメディアがいつでも、誰でも、広範な聴衆に到達できるメディアとして登場してから、セレブリティ達がセレブリティの領域から普通の人々の領域へと落ちないための余裕がどれほどあるのかということへの興味が増してきました（今まで以上に新陳代謝が激しくなり、セレブリティが伝統的メディアに留まれずにソーシャルメディアへと降りていくことに興味を持つ研究）。また、その逆に、ソーシャルメディアのお陰でパーソナルブランドとしてのステータスからセレブリティへと上がる中間点として、マイクロセレブリティというコンセプトが現れた（Khamis et al.（2017））、ということです。これは日本のメディアの状況でもよく目にする現象で、且つて TV で活躍していたセレブリティ級の芸能人が YouTuber になったり、逆に YouTuber が TV で活躍したりしていますね。

　人の分類（クラス）の３つ目であるアイコンは、個人的な業績と社会的な正統性のある価値を持つ文化的な象徴です。セレブリティは、ある特定期間内に限られますが、アイコンはより広範な関心を反映して、時間を超えて様々な文化的な意味が収斂し変容を経て認められるものです。セレブリティの名声が、変化する社会における文化的な意味合いや価値の変化に耐えると、アイコンのレベルへと移行をする、ということになります。つまり、ヒューマンブランドの３つの対象は、パーソナルブランドからセレブリティそしてアイコンへと到達する構造を持っているということです。以上が、Scheidt et al.（2020）の研究対象となっている人の種類（クラス）についての分析の要約です。次にこの研究分野の分散した状況を示すためにヒューマンブランド研究の対象となっている職業（専門）分野（カテゴリー）別に特に論文数の多いサブカテゴリー、つまり研究対象となった人達の職業（専門）分野を以下に示します：

パーソナルブランド研究（普通の人々）の対象として：

　アスリート、学生、CEO、ジャーナリスト、ブロガー等の36種類のプロフェッションが対象とされていることも研究内容が分散されている印象を与える要因でしょう（但しScheidt et al.（2020）が指摘するように、パーソナルブランドにおける「学生」は大学に所属する研究者の研究対象として学生が多いという意味であると推測されます）。

セレブリティ研究の対象として：

　特定の原理／原則を持ったアスリート、俳優、政治家等29種類のプロフェッションを対象に研究がされている。この点も、分散化されている印象を与える要因でしょう。

アイコンの研究対象として：

　アスリート、ミュージシャン、王室。そもそも対象が非常に限定されている（だからこそ、アイコン）ので、これら３種類。

以上、少々、横道にそれましたがパーソナルブランディング研究が分散し

ているという印象を与える一つの要因（後述するように、他にも理由があ
ります）を紹介しました。それでは各論に入りたいと思います。以下の順
番で説明をしていきます：

　パーソナルブランディング

　・〜が出現した背景

　・〜研究全体の共通点

　・〜の概念を明確にする属性

　・〜と近いコンセプトを持つ研究項目

　・〜の基礎或いは背景となる理論（領域）

　・〜がもたらすベネフィット

　・〜構築プロセス

　・〜（ヒューマンブランド）の**重要な構成要素**

　（上の「〜」にパーソナルブランディングを入れて、お読みください）

なお、第2節の補足として、第1章でパーソナルブランンディングの効
果で取り上げたパーソナルブランドエクイティについての論文を取り上げ
ます。

　パーソナルブランディングについての定義や構成要素等について検討す
る前に、まず、今日のようなパーソナルブランディングの隆盛をもたらし
てきた背景について概観したいと思います。

パーソナルブランディングが出現した背景

　Scheidt et al.（2020）は、社会的、経済的そしてテクノロジーの発
展が、様々な分野でパーソナルブランディングの出現を引き起こしたとし
て、以下のように3つの重要な領域を説明しています：

1）経済、社会の変化を反映した雇用の流動化

　過去からの流れを振り返ると、経済のグローバリゼーション、競争の新
しい活動領域、そして急速に進展する情報テクノロジーによって起こされ

た変化と混乱の結果、社会規範や圧力もついにその安定性を維持できなくなりました。個人は、雇用者に頼ることはできなくなり就職のための競争は激化して、履歴書に基づく伝統的な求人応募だけで採用に至るのは非常に困難になったのです。求人を巡る人々の競争は成熟市場におけるプロダクトやサービス間の競争と類似してきています。個人的な責任と個人の差別化の必要性が顕著になり、雇用或いは求人応募プロセスにおいて、自分自身の能力で自らを事業化することが奨励されるようになったわけです。このような状況変化の中でパーソナルブランディングは、新自由主義の時代における雇用のサポートツールとして、そして、経済的不確実性に対するコミュニケーションを通した対処として役立つと考えられます。

2）Web2.0 とソーシャルメディアの影響

　Web 2.0 とソーシャルメディアの爆発的な普及は、関心経済の出現のために次々と出現するプラットフォームを提供してきました。ユビキティ（遍在性）とユーザーフレンドリネスそして意味あるプレゼンス、フリーでオープンなアクセス、崩壊する技術的なバリア、そして個人のためのスペースは、パーソナルブランディングを普及させる要素として特に挙げられます。時間や場所に関係なく、より広範なオーディエンスに到達することができる一方で、ソーシャルメディアにおけるブランディングはビジネスの追求のみから、個人が自身のユニークなバーチャルスペースを創造することを可能にすることへと移行しています。

3）個人主義の台頭

　新自由主義の時代において、個人は彼女 / 彼の人的資本、すなわち、スキル、資産、アライアンスの集合、を維持するために、彼自身 / 彼女自身をあたかも企業ビジネスのように所有し維持していると考えられます。人間にとっての基本的心理的ニーズとされる自己達成、自治、自立、自己実現は、今日、個人の責務であり、アメリカンドリームの神話によって強化されます。こうした自助努力の考え方がパーソナルブランディングの前兆

となっています。

　以上のように、経済、社会の変化を反映した雇用の流動化、Web2.0とソーシャルメディアの影響、そして個人主義の台頭の3点が、文献レビューからScheidt et al.（2020）が導き出したパーソナルブランディングという概念や活動を生み出した先行要因として挙げられています。

パーソナルブランディング研究全体の共通点

　さて、パーソナルブランディングという名前（呼称）の源を辿ると、諸説が存在するようですが、雑誌"Fast Company"に掲載されたTom Peters（1997）の著作、"The Brand Called You"（Peters（1997））が定説です。彼はこの中で、これからは"Me Inc."（自分という会社）を作り、そのCEOとして「あなた」（The Brand Called Youの"You"）のブランドを作ることの意義と必要性を強調しました。この問題意識は、これからも色褪せることなくパーソナルブランディングの価値を認識させるものと言えるでしょう。しかしながら、研究者や実務家の間で使用されている呼称に統一性があるわけではなく、セルフブランディング、セルフマーケティング、コーポレートパーソンフッド、ヒューマンブランド等が使用されています。Scheidt et al.（2020）は、パーソナルブランディングそして、限定的ではあるが、ヒューマンブランディングが頻繁に使われ、一般に受容されていると述べています。また、Gorbatov et al.（2018）は、セルフブランディングはパーソナルブランディングと同義語であるとも述べていることから、アカデミックそして、実務の世界の両方でパーソナルブランディングと呼ぶことが一般的と言えるでしょう。

　それでは、パーソナルブランディングとは一体、何を指す呼称でしょうか？後述するように、特にパーソナルブランディングの研究分野では様々な学問領域からのアプローチが交錯しており、広範かつ分散しているために、一般的に受容された定義が今のところ存在しないようです。しかしな

がら Parmentier et al.(2013)が、様々な定義に概念的な調和を見出そうとした結果、「様々な名前にかかわらず、既存の定義の殆どが前提としていることは、人々がキャリアを追求する上で成功するために自分自身を位置づける方法を理解するには、幾つかのプロダクトブランディングのコンセプトがあれば充分である」と述べたように、既存の様々なブランディングコンセプトには、パーソナルブランディングが基礎をおくことができる共通点が多く存在しています。Scheidt et al.（2020）は、パーソナルブランディングについての様々な定義の中に共通基盤を発見できるとして、以下の 3 点を挙げています：

1) ブランド化された個人がもたらすこと。すなわち、個人的な資質、例えば、スキル、コンピテンシー、経験或いは専門性。

2) 聴衆或いは特定のターゲットグループに焦点を当て、ブランド化された人に対して作られた彼らの知覚と連想：例えば、上司に印象づけようとする従業員。

3) 最終結果として差別化が現れる：パーソナルブランディングのプロセスは、ある人の相違点を活用して個人のユニークなセリングプロポジション（USP）を確定することによって、同僚達からの相違点を作ることを目的としている。

以上を要約すると、**個人の属性**とそれがもたらす価値、ターゲットにおけるビジビリティ或いは**認知と連想**、そして、**差別化**が様々なパーソナルブランディング研究が基礎をおくことができる共通点ということになります。これらは、前出の Parmentier et al.(2013) の指摘のように、（プロダクト）ブランディングが持っている要素と共通していると言えるでしょう。そして、Scheidt et al.（2020）は、パーソナルブランディングの定義として、「**パーソナルブランディングとは、個人のヒューマンブランドを構築し、維持し、育成する全体プロセスで**」、「**ヒューマンブランドはパーソナルブランディングの結果としてのブランドのための一般的な**

用語であり、人に結びついた資産で、パーソナルブランディングの結果として、そのビジビリティを通して作りだす経済的、社会的価値である」と説明しています。補足をすると、パーソナルブランディングプロセスは、ステークホルダーと、ブランド化された個人の総合的なパーソナリティとの間の集合的な行為です。ビジビリティ（認知度）は他のヒューマンブランド達から、ひときわ目立ち、そして、ターゲットマーケットに適合するために、彼／彼女の職業分野の中、或いは、それを超えて生じることが期待される、と Scheidt et al.（2020）は述べています。以上を解釈すると、パーソナルブランディングは、ターゲットに対して自らを差別化するような価値を作り出すプロセスである、と言えるでしょう。また、「人に結びついた資産」とか「経済的、社会的価値」にも言及していることから、この定義はブランドエクイティも意識したものであることが推察されます。

パーソナルブランディングの概念を明確にする属性

　一方、Gorbatov et al.（2018）は、既存の定義はマーケティング理論に基礎を置くもの、すなわち、プロダクト、バイヤー、セラー、マーケット、付加価値、約束、差別化、顧客ニーズを満たす、といった用語を使用する傾向のものだけでなく、自己プレゼンテーション行動に基礎を置くものにも分けることができる、と述べています。自己プレゼンテーション行動に基礎を置くものは、インプレッション、名声、個人の強み、ユニークさ、イメージ、セルフプロモーション、アイデンティティといった用語を使用します。この考え方は、パーソナルブランディングを人間中心の活動として位置付け、「他者がどのように個人を見るか？」をマネージするかに重点を置いているということになるでしょう。プロダクトや企業をブランディングすることと、人をブランディングするということの差異を意識すると、この自己プレゼンテーションの要素をパーソナルブランディングに加味することは、パーソナルブランディングとは何かを理解するために

非常に有意義なヒントになると思います。更に Gorbatov et al.（2018）は、パーソナルブランディングの概念を明確にする５つの属性を以下のように示しています：

１）戦略的

パーソナルブランド化された活動は特定されたターゲットに向けられており、プログラム化されている。すなわち、幾つもの組織化された活動として設計されている。

２）ポジティブ

ターゲットオーディエンスによって望まれ、また、関心を惹いている。

３）プロミス

パーソナルブランディングのマーケティング的な性質として、ターゲットオーディエンスに対する約束を示すという意味を含蓄している。

４）パーソン中心

パーソナルブランディングは個人の関与、つまりパーソナルブランディングの主体としてプロセスへの積極的なインボルブメントをブランド化される本人に要求する。また、パーソナルブランディングには、再帰性や内省といったものが伴う。そして、ターゲットオーディエンスによって望まれる独創的な特徴群の周辺にパーソナルブランドを作るという意味での差別化も、パーソン中心に含まれる。

５）人工物（Artifactual）

自分専用に作った文房具、名刺、レターヘッド等。更には、独特のナラティブなどのパーソナライズされたもの。

そして、以上５つの重要な属性を反映して、Gorbatov et al.(2018)は、パーソナルブランディングを次のように定義づけています：

「パーソナルブランディングは、個人的な特徴のユニークな組み合わせに基づき、自身のポジティブなインプレッションを創造してポジショニングを行ない、それを維持する戦略的なプロセスで、それは差別化されたナラ

ティブとイメージを通してターゲットオーディエンスにある約束を伝える。」

加えて、パーソナルブランドについて、以下のように定義しています：

「**パーソナルブランドは、ターゲットオーディエンスの心の中に競争優位性を構築することを意図して差別化されたナラティブとイメージを表現した個人の特徴のセット（属性、価値、信条、等）である。**」

　Gorbatov et al.(2018)がパーソナルブランディングに関する100の文献レビューから選択した重要属性から構成したものだけあって、これらの2つの定義はパーソナルブランディングの内容を非常によく表しているのではないでしょうか？

パーソナルブランディングと近いコンセプトを持った研究分野

　さて、パーソナルブランディングを実務の世界だけに限定して考えるのであれば、厳密に考慮する必要はないと思いますが、アカデミックな（学究的な）世界では、その研究領域が独立して進展していくためには、類似したコンセプトを持つ他の領域や分野との違い（或いは境）を明白にする必要があります。こうした背景から、Gorbatov et al.(2018)は7つの関連コンセプトを選択して、それらとの違いについて述べています。ここでは詳細は省略しますが、パーソナルブランディングは、以下の7つのコンセプトとは異なると言うことだけを意識して頂ければよいと思います：ヒューマンブランディング、インプレッションマネジメント、セルフプロモーション、イメージ、レピュテーション、フェイム、従業員ブランディング。

パーソナルブランディングの基礎或いは背景となる理論（領域）

　最初にパーソナルブランディングは学際的な研究（実務）分野と述べましたが、実際に、個々の論文に取り組むとその背景或いは前提としている

理論そのものが原因で、理解することに大きな努力が必要な場合があります。それもそのはずで、Gorbatov et al.(2018)は彼らのレビューした文献群を、その学術的背景によって４つの領域に分けていますが、その範囲は広いものです：社会学理論、マーケティング理論、心理学理論、経済学理論。また、Scheidt et al.(2020)は、パーソナルブランディングの理論はブランディングの原理、理論、コンセプトを活用し、拡張されているだけに限らず、「パーソナル」或いは「ヒューマン」という側面からだけでなく、心理学領域の様々な理論を応用していると述べています。それらは、アタッチメント理論、自己決定理論、帰属理論、社会的アイデンティティ理論、手掛かり理論(Cue utilization theory)、構造化理論です。Gorbatov et al.(2018)は、パーソナルブランディングの基礎をなす理論のまとめとして、「あるニーズと自身のアイデンティティ（心理学視点）に駆動され、個人は、あるベネフィットを得るために彼らの他者からの知覚をマネージしようとして、他者とのオンラインとオフラインの相互作用に従事する（社会学視点）。自身のブランドを創造、ポジショニング、そしてマネージすることの特定の原理と実践が存在する（マーケティング視点）、そして、これらの組織的なそして社会的な文脈における大きなシフトに基礎が置かれる（経済学的視点）。」このまとめからも察することができるように、経済学的視点からの研究は、パーソナルブランディングが行われているという現象についてのマクロ的な説明が主体であり、また、社会学的視点は、実務へと落とし込むには、抽象性が高い或いは次元が高すぎる印象があり、パーソナルブランディングの構造、仕組み、或いは、効果についての理由を理解するには、心理学視点が役立つような印象を個人的には持っています。もちろんマーケティング視点は、実務的にも役立つ視点だと思いますが伝統的なブランディング理論やメソッドに、単純に「パーソナル」という言葉を冠しただけではないかと思われる研究も比較的多い印象です。

パーソナルブランディングがもたらすベネフィット

　パーソナルブランディング（パーソナルブランド）とは何か、そして、どのようなアプローチで研究されてきたかについての大枠は理解ができたと思いますが、次に、それではパーソナルブランディングは、その人に「一体、何をもたらすか？」について、文献レビューの結果をみてみましょう。Scheidt et al.（2020）は、最も重要なこととして、ブランド化した人は、仕事を巡って**競争をしているとき**、具体的な仕事や専門職で**昇進を求めているとき**、或いは、より高い収入へと導くような**キャリアパスを追求しているとき**にパーソナルブランディングからベネフィットを得られると述べています。また、パーソナルブランディングプロセスを通じた継続的な自己内省は継続的な学習へと導き、そして、彼ら（ブランド化した本人）の**能力を改善**し、より大きな**自己認識、自己肯定感、自尊心、自己価値を達成**します。更に、**ビジビリティ**もパーソナルブランディングのベネフィットとして取り上げられています。また、パーソナルブランディングのターゲットへの影響としてブランド化された人（と言ってもセレブリティクラスの人）が持つ**エンドースメント（推薦や支持、裏付け等）効果**或いは、消費者がエンドースされた商品を購入することによる**リスクの軽減効果**がパーソナルブランディングそのもののベネフィットとして、Scheidt et al.（2020）によって挙げられています。また、例えば、Steve Jobs と Apple, Elon Reeve Musk と Tesla のように、パーソナルブランドと企業ブランドが結ばれる、相互に影響を及ぼし合うという**共同ブランディング（co-branding）効果**もベネフィットとして挙げられています。この効果はファウンダー或いは CEO と企業だけでなく、更には、従業員－企業ブランド－創業者或いは CEO といった共同ブランディング効果まで拡張されます。また、Gorbatov et al.（2018）は、パーソナルブランディングの結果として個人の内在的結果、個人の外在的結果、組織的な結果を挙げています。個人の内在的結果は、ブランド化された個人に、より大きな

再帰性（reflexivity）を育成すること、つまりブランディングプロセスにおいてエンゲイジした様々なアクティビティ、例えば自己認識、フィードバックシーキング等が自分へと戻ってくることで、より大きな自己評価（自尊心と自己効力）へと導かれる、というものです。外在的結果は、プロフェッショナルキャリアの拡大、パワーと影響の拡大、拡張されたビジビリティ、差別化、金銭的な結果、等を含むものです。最後に組織的な結果とは、パーソナルブランディングと企業のイデオロギーとの連動や促進を含むものです。2つのレビュー論文は、基本的には、ほぼ同じキーワードによる同じ研究領域の文献をレビューしたものですから、当然と言えるでしょうが、パーソナルブランディングのベネフィットそして結果として、ほぼ同じ内容となっています。個人としてパーソナルブランディングに取り組む或いはエンゲイジすることは、直接的には未来の自分自身をキャリアという視点から開発するだけでなく、自己啓発という点からも拡張していくことができ、それに加えて、（望むのであれば）金銭上のベネフィットを得ることも可能であるという点が伝わったのではないでしょうか？更に、パーソナルブランディングの開発に固執することは、所属する企業との間、具体的には、例えば上司や同僚との間のフリクションを作り出すリスクがあると指摘されていますが、共同ブランディングの視点に立つ、或いは、従業員ブランディング或いはインターナル・ブランディングのプログラムに組み込むことで、所属企業との間で一貫性と整合性を保ちながらパーソナルなブランディングをコミュニケートすることが可能となるでしょう。

パーソナルブランディングの構築プロセス

　以上のようなパーソナルブランディングですが、それでは、その構築のためにはどのような点を考慮すればよいのでしょうか？パーソナルブランディングのプロセスと、構成要素という視点から、各々の文献レビューが

解説をしています。

　Gorbatov et al.(2018)はパーソナルブランディングのプロセスを構成する要素として5点を挙げていますので、以下のように要約をして示したいと思います：

1）自己認識を上げること

　　パーソナルブランディングにおいては、自己発見が共通の最初のアサインメントです。そして、研究者達の間で自己認識を持つことがプロセスの中での最初のステップとして合意されています。

2）ニーズ分析とポジショニング

　　ターゲットオーディエンスのニーズにのみ焦点を絞って、「本当の自分自身」を無視するか、自分を変えることなく個人的な強みの上にパーソナルブランディングを構築するかについては研究者の中で意見が分かれるところですが、ニーズを重視することは重要な要素です。また、マーケティングコンセプトとのポジショニングの適用が研究されています。ということで、ニーズ分析とポジショニングがプロセスの構成要素として挙げられています。

3）ブランドアーキテクチャーを構築すること

　　パーソナルブランドは2つのキー要素から成立しています：望ましいセルフと知覚されたセルフです。望まれるセルフとは、ターゲットオーディエンスに、個人がどのように認知されたいかです。また、知覚されたセルフとは、オーディエンスの視点からの考え方で、実際のところ、その人のパーソナルブランドが他者にどのように知覚されるかです。Gorbatov et al.(2018)は特に、この後者の視点を重視しています。というのは、他者の知覚こそが、自分に対する彼らの行動を決定するからです。Gorbatov et al.(2018)の言うブランドアーキテクチャーとは、この両面からブランドを構築することを意味している、と解釈しました（例えば、アーカー（2005）のブランドアーキ

テクチャーとは全く関連性はありません）。

4）内省とフィードバックを求める行為

個人がそのパーソナルブランドを維持するためには 2 つのプロセスが必要で、それは強みと競争力です。前者は内部、そして後者は外部の情報を得ることになります。Khedler（2015）は、それを内省とフィードバックとして見ています。また、フィードバックを得ることは、前述の望ましい自己と知覚されたアイデンティティとの間のギャップを埋めるために必須であり、ブランディングの失敗を避けるために必要であると述べています。内省とフィードバックが、より大きな自己認識へと導きます。

5）センスメーキング

人々は彼らの仕事上のアイデンティティを求めています（Brooks & Anumudu（2016））。Cederberg（2017）は、「パーソナルブランドの目的は、彼らの認知を上手に管理するのと同時に、個人に特定の情緒と知覚を連想させるアイデンティティを構築することである」と述べています。現実には、個人とターゲットの両方で相互の意味作り（センスメーキング）のプロセスにエンゲイジしている（Gioia et al.（2014））ということになります。そこで、Gorbatov et al.（2018）は、効果的なセンスメーキング、フィードバックを求めること、内省、そしてより大きな自己認識が望ましい自己と知覚された自己との間のギャップを最小にして、より強力で筋の通ったパーソナルブランドを結果としてもたらす、と仮定しています。

以上のように、Gorbatov et al.（2018）の文献レビューによると、**自分をよく知ること**から始め、**ニーズを分析しポジショニング**を行い、**望ましい自己と知覚された自己の統合**を行ってパーソナルブランドを構築して、**内省とフィードバック**を求めることを通じて、自分のパーソナルブランドの保守と維持を行い、プロセスを通じて**ターゲッ**

トとの相互交換を通して自己のアイデンティティの意味合いを作って
いくというのが一連のパーソナルブランディングプロセスということ
になります。効果的なセンスメーキング、フィードバックシーキン
グ、内省、そしてより大きな自己認識が、望まれる自己と知覚された
アイデンティティとの間のギャップを最小化して、より強力で、筋の
通ったパーソナルブランドの結果をもたらす、ということになるで
しょう。

パーソナルブランディング（ヒューマンブランド）の重要な構成要素

　パーソナルブランディングの結果であるヒューマンブランドを構成する
重要な要素について Scheidt et al.(2020)は以下の7点を取り上げて
いますので、それらについて簡潔に要約したいと思います：

１）パーソナリティと真正性

　　人のパーソナリティ、例えば、個人的な強みと弱み、価値、スキル、
　　経験、そして属性が人のブランドパーソナリティに反映することが必
　　要です。また、真正性は消費者から益々重視される特性で、その理由
　　はブランドが真の自分自身（セルフ）を表明しており、それ故に継続
　　的な価値の提供を約束していることを示しているからです。

２）差別化

　　相違点のみを主張するか、同等であるという点（parity）と共に主張す
　　るかという点においては議論があるものの、差別化（differentiation）
　　は、共通の項目として認められます。

３）ビジビリティ

　　「注目されなければならない」Gander(2014)と主張されるように、
　　ビジビリティは不可欠な要素です。これは、オフラインでの著作、ス
　　ピーチ、ネットワークの拡大だけでなく、ソーシャルメディアプラッ
　　トフォームなど、オンラインでデジタルフットプリントを残すことも

重要です。また、オンフィールドとオフフィールドというコンセプトも重要で、自分自身の専門分野と、それ以外の両方でビジビリティを上げる努力が必要です。また、これらの分野を統合して、複数のプラットフォームを横断して自身のストーリーをバンドルして拡散するという活動も必要でしょう。

4）ナラティブアイデンティティ

Elwell（2014）によるオンラインとオフラインの関係性を述べた文章で、「2つは統合されているように見えるので、一方がどこで始まり、他方がどこで終わるのかを告げるのは不可能だ。オンラインとオフラインは機能的に同等ではないので、どちらかが、どちらかを代替するということはない。むしろ、一緒になってデジタルとアナログとの間の空間でアイデンティティの経験を創造する」を引用して、Scheidt et al.（2020）はオンラインとオフラインは、そのどちらかという関係ではなく、両方とも、という関係であると述べています。また、、例えばシリーズ化した映像、本そしてゲームがセルフ（自己）についての継続的に進化するストーリーを創造するといった統合されたナラティブの要素を通して対話によってアイデンティティを作り上げていくというナラティブアイデンティティ活動は、オンラインとオフラインの融合の中で行われる必要があるということをScheidt et al.（2020）は強調しています。

5）ソーシャルメディア

ソーシャルメディアは消費者とのより強力な絆づくりに役立ち、そして、また、関係性のネットワークを作ることはブランドアタッチメント（ブランドへの愛着）を作り、また、社会的な価値を作りだす等の理由で、ソーシャルメディアは共通の項目として挙げられています。

6）コブランド（協同ブランド）とステークホルダ

人のブランドは孤立して機能するわけではないので、人のブランドを

作る中で協同関係ができることは明白で、特に意味の移転の効果と共創が研究の中で考察されるのは当然のことです。パーソナルブランディングにおける研究（例えば、Parmentier & Fischer（2012））では、パーソナルブランディングにおける有益なそして同時に害のあるコブランディング活動、更に、人のブランドと組織のブランドとの間の途切れたリンクの潜在的なリスクについても言及されています。

7）ブランドエクイティ

様々な活動の結果、パーソナルブランディング活動が成功したかどうかが測定される必要があります。様々な測定方法が検討されていますが、真のブランドエクイティの測定には、複数次元の概念として全ての人のブランドを考慮して、また、複数のステークホルダーアプローチを考慮に入れて人のブランドを集合的な活動として、測定方法を作る必要がありますが、その研究は未だに不足している分野でしょう。

以上の7点が、パーソナルブランディングの結果であるヒューマンブランドを構成する要素の共通点として Scheidt et al.(2020) が挙げたものの要約です。一般的なブランディングの研究分野と重なる部分も多く、パーソナルブランディングを、それほど特殊な分野として扱う必要もなく、ブランディング研究の1領域であると扱えばよいという考え方も可能であることが伝わるのではないでしょうか？以上、パーソナルブランド或いは、パーソナルブランディングに関する研究のレビューの中味の中で、特に、第1章と関連していると思われる内容を中心に、Gorbatov et al.(2018) と Scheidt et al. (2020) の文献レビューを参照及び一部引用しながら検討してきました。

個別論文 / エッセイからのヒント

最後に、パーソナルブランドを作るためのステップが、もう少し具体的に分かるような論文やエッセイを紹介したいと思います。

　1 番目は、Harvard Business Review（May-June,2023）に掲載された Avery and Greenwald による "A New Approach to Building Your Personal Brand" という題名のエッセイです（以下、Avery et al.(2023)）。このエッセイは、パーソナルブランドを構築するための新しいアプローチとして 7 つのステップを示しています。その中で特に本書で強調をした作成の為のキーとなるステップに関連する、ステップ 1 から 4 については意訳をした見出しと説明の要約を、そして、ステップ 5 から 7 については見出しのみを以下に示します：

1．目的を明確にすること

　長期的なビジョンと使命が必要です。自分の人生をどのように何故生きてきたかを自問して、一貫した興味、コンピテンシー或いは自身を未来に導くような性格的な特徴を探します。そして、これらと自身の使命や情熱そしてゴールにどのように結びつけるかを探索するために、次の 4 つの要素からなるパーソナル価値提案ステートメントを書き出します：ターゲット、提供したいこと、競争優位点、際立つ能力。

2．パーソナルブランドエクイティを監査する

　現状の自分自身のブランドを確定して分析する必要があります。まず、あなたの経歴の目録、例えば、教育、職業経験や成果。それから、現在の自分の社会的資本レベルを測る様々なグループや組織との関係性。次に、文化的資本、様々な環境で運用することができる得意分野。そして、ネガティブ、ポジティブ両方で本当の自分を捉える、明確で具体的な形容詞或いは記述的なフレーズのリスト作り。最後に、望ましいアイデンティティと調和しているかを自己評価することです。もう一つ重要な実践は、重要なオーディエンスを特定して、自分の思っているイメージが他者にとって真の姿と映っているかどうかの調査をすること。また、競争相手に対する自分の評価も行います。

3．自分のパーソナルナラティブを作る

　　自分自身のブランドを意思疎通するナラティブを確定し、形作り、磨
　　き上げる必要があります。自身の価値提案は、それをストーリーと共
　　に伝えるときに、より記憶されやすく、共鳴され、理解されやすく、
　　説得力を持ちます。

4．自分のブランドを具現化する

　　各々のソーシャルな相互作用が、自分のパーソナルブランドを自分自
　　身の理想像に近づけるか、遠ざけることになります。そこで、様々な
　　状況で自身が送るメッセージに気を配り、常にできるだけよい印象を
　　与えるようにすることが重要です。

5．自分のブランドストーリーをコミュニケートする

6．自分のブランドを社会に適合させる

7．自分のブランドを再評価して調整する

以上が、Avery et al.(2023) のエッセイの中で特に本書の参考となる部
分の要約です。大変読みやすく解りやすい記事ですので是非、原文を読ん
で自分のブランド作りの参考にして頂きたいと思います。

　次に取り上げるのは Khedher(2015) の論文で、それほど具体性の
ある内容ではありませんが、ポイントを簡潔に捉えていると思いますの
で、説明を加えたいと思います。Khedher(2015) は、パーソナルブラ
ンディングの開発は 3 つの構成要素からなるプロセスと仮定して、4 つ
の理論的視点を使って論証を試みています。理論的論証の部分はさてお
き、3 つの構成要素は、パーソナルブランディングのプロセスを簡潔に
説明していると思いますので、以下に紹介をします。1 番目は「パーソ
ナルブランドアイデンティティ」で、その人に固有な内的特徴と、その人
と他者との関係性を取り囲む、外的な要因の 2 面に基づくと述べていま
す。つまり、パーソナルブランディングは、基本的にターゲット市場との
関係における個人の強みとユニークさに基づく内部から外部へのプロセ

ス (Motion,1999;Rein et al. 2005;Shepherd,2005) というわけで
す。そこで、パーソナルブランドアイデンティティを作るためには、最
初に自分自身についての内省と認知に取り組む必要がある、と Khedher
(2015) は述べています。なお、Khedher(2015) が述べているパーソ
ナルブランドアイデンティティは、プロダクト等のブランドアイデンティ
ティの持つ意味と同様に、ブランドを作る人が作り、維持しようとするユ
ニークなブランド連想のことを指します。2 番目は「パーソナルブランド
ポジショニング」で、これは一般的なプロダクトにおけるポジショニング
の意味と同様、対象消費者のマインドの中にユニークな場所を創造するこ
とで、これは位置付けることと、差別化をすることの 2 つの意味を持つ
ものです。パーソナルブランディングにおけるポジショニングは、自己プ
レゼンテーション (Labresque et al., 2011)、非言語手がかり (容姿、
作法)、言語表現 (自分自身についての情報)、そして行動 (パフォーマン
スとシチズンシップ) を通して起こるもので、それらは文化的な基準を満
たすための人のコンピテンス、性格そして能力で他者の印象を形作るも
の (Roberts,2005) です。これらは仮想世界では SNS 等を通じて為さ
れ、デジタル的に自分自身をサイン、シンボル等と結び付け、自己のプロ
ファイルを作り上げることによって作られます。以上のように Khedher
(2015) はパーソナルブランドポジショニングについて説明をしていま
す。3 番目は、「パーソナルブランドイメージ」で、ターゲット市場によっ
てどのようにブランドが知覚されているかを示すものです。ここで重要な
点は、パーソナルなブランドイメージとして、自身の職業の技術的そして
社会的な要求を満たすことができることです (Ibarra, 1999)。また、こ
れはパーソナルブランディングプロセスの結果を示すものなので、個人が
自分で主張するゴールと他者による判断との間にミスマッチがあることは
ブランディングの失敗を意味します。そこで、望ましい印象を作り上げ、
期待する結果を確実にすることが重要です。以上のように、Khedher

(2015)はパーソナルブランディングプロセスは、パーソナルブランドアイデンティティ→パーソナルブランドポジショニング→パーソナルブランドイメージによって構成されると主張しています。

　次にとり上げたい具体性のある論文は、大学生に対するeポートフォリオの教育への取り組みについてで，デジタルストーリーテリングeポートフォリオを使ってパーソナルブランディングを構築する、教育の実践についてのJones et al.(2017)による報告です。Jones et al.(2017)は高等教育において、Web 2.0テクノロジーへのアクセスの増加等を反映して21世紀の学生の学習の好みに対応するための教育手法をアップデートする流れの中で、eポートフォリオが浸透してきた（この論文が発表された2017年において）、と述べています。彼らによると、eポートフォリオとは、学生が彼らの学習をデジタル空間に反映し統合するもので、多くの場合一般のオーディエンスを対象とします。

　また、Jones et al.(2017)はパーソナルコンピューティング、デジタルカメラ、そしてWeb 2.0のツールとモバイル機器の進展にともなって、デジタルストーリーテリングが広範な人気を得るようになったと説明しています。但し、デジタルストーリーテリングは一般的には、簡潔で情緒的に説得力のある、ビデオベースのナラティブで、静止画、ビデオクリップ、音楽、そしてボイスオーバーのナレーションを指しますが、Jones et al.(2017)はデジタルストーリーのより概念的な要素、すなわち、意図的に整理された時系列的な出来事を通して、聴衆を専念（エンゲージ）させ、そしてそれを複合的な表現のモードを使ってデジタル的に行うことを意味する、と述べています。

　Jones et al.(2017)のeポートフォリオへのアプローチはパーソナルブランドを作りそしてコミュニケーションするためにデジタルストーリーテリングを強調するもので、学生がeポートフォリオの創造に更に専念することは、よりよい学習機会と、より説得力のあるパーソナルブラ

ンドの開発へと導くと述べています。そして、Jones et al.(2017)は
e ポートフォリオ作成の手順や狙いとする教育効果や学習効果、更には具
体的なテンプレートを示しています。特に本書で参考になると思われるの
が、パーソナルブランドプロファイルを作るためのワークシート、そし
て実際のデジタルストーリーテリングのページを作成するための「e ポー
トフォリオのための私のストーリーワークシート」でしょう。これらは、
各々、Jones et al.(2017)の Appendix B と Appendix C に掲示され
ていますので、是非、原文をご覧頂きたいと思います。ここでは、パーソ
ナルブランドプロファイルワークシートの項目のみを以下にリストアップ
しておきたいと思います：

　　あなたのトップ 5 ニーズ、あなたのトップ 10 バリュー、あなたのトッ
　　プ 10 興味と情熱、パーソナルミッションステートメント、パーソナル
　　ビジョンステートメント
　　あなたの強み、あなたのトップ 10 パーソナリティの特徴、あなたが思
　　う最高の自分の特徴
　　あなたのトップ 10 成果（物）、3 つの職業上のゴール
　　あなたのゴールを達成するために必要なコンピテンシー、コンピテン
　　シーの開発を完成させるのに必要な活動
　　ターゲット聴衆についてのステートメント
　　4 つの潜在的な雇用者 / 大学院、企業 / 大学院とあなたとの適合性
　　ターゲットオーディエンスへの差別化のステートメント、ユニークな価
　　値の約束ステートメント、パーソナルブランドステートメント、パーソ
　　ナルブランドタグライン
　　以上、Chritton(2012), Roberts et al.(2005), Anderson(2004),
　　and Solove(2008) を参考にして。
　　以上、Jones et al.(2017) Appendix B より。
　　第 1 章第 1 節で説明した「マスターブランド作成のための情報の収集

と選定」や第3節の「ターゲット別価値提案の設計と作成」で説明した内容と類似する項目も見つけることができると思います。但し、Jones et al.(2017)の教育対象は、職業経験の無い大学生ですので、それだけ基本的な項目数が多いと思います。或いは表現を変えると、第1章で自己チェックする内容は、自分自身の職業経験に基づき、また一定のキャリアコンサルティングを受けていることを前提としていますので、もう少し深みのある内容になっているでしょう。

　最後にとり上げるエッセイである Clark(2011)は、人々がキャリア上で大きなあるいは小さな変更をしたり、再チャレンジをしたりする際に自分自身のパーソナルブランドを再構成するために必要な5つのステップを上げています。ヘッドラインとその説明の要約を以下に示します：

1．自身の目的地を明確にする

　　リブランディングは容易ではないので、本当に自分自身を投資したい分野についてよく検討して、更に、そのために必要なスキルを構築する必要があります。

2．あなたの差別化ポイントを活用する

　　自分自身の USP を新たな場所でも活かし、また以前の経験を差別化ポイントとして活かすこともできます。更に、自身の際立つキャラクターも、たとえ仕事に直接関連していなくても活用しましょう。

3．ナラティブを開発する

　　自分の過去の経験が、どのように現在の（変更後の）仕事に関わっているかのナラティブ（語り）を作ることで、（新しい分野での）弱みになりそうな部分を強みに転じることです。注意事項としては、ナラティブに過去からの一貫性を持たせることです。

4．自分自身を再紹介する

　　既存のネットワークに再紹介することの方が、新しいコンタクトを作るよりも難しいのですが、実際のところ大多数の人々は、それほどあ

なたのことを覚えてはいないでしょう。そこで、全てのコンタクトに一貫性のある更新を行うようにすることです。

５．自分自身の価値を証明する

SNS 等を通して、自分自身の個性的な知的財産を作ることです。また、自身の新たなサービスについてテストランができるような機会を提供して自分自身の能力を示すことで、その分野でのリブランディングを固めることができるでしょう。

以上、Clark（2011）よりの要約。

　以上のように、パーソナルブランディングの作成プロセスについて具体的に説明をしている文献を見ると、共通して重要なことは、①パーソナルブランディングの目的を明確にすることと、現状の自分自身の評価、②内省等に基づく自身の差別化やポジショニングのポイントの明確化、③ナラティブやストーリーテリングによるコミュニケーション、④自身のパーソナルブランドの実践或いは具現化、そして、⑤実施後の評価と修正、と要約できるでしょう。これらの点は、第 1 章のパーソナルキャリアブランドの作成のプロセスの中に反映させてあります。

第１節の補足：パーソナルブランドエクイティの研究から

　パーソナルブランディングに関する文献レビューのまとめで、パーソナルブランディングを構成する重要な成分として、ブランドエクイティがScheidt et al.（2020）によって紹介されていましたが、今後、更に必要な研究（及び実務）分野だと思いますので、補足として独立して概説したいと思います。

　パーソナルブランドに関する文献が増加しているにもかかわらず、パーソナルブランディングが対象者のマインドの中に、価値を定着させたか或いは、その資産化に成功したかどうかを測定するための尺度の開発や測定結果を分析した研究は非常に限定的です。今後、更にパーソナルブラン

ディングの実践と研究を拡大するためには、この領域での実証的なリサーチが特に必要です。第1節のブランド理論で説明した通り、プロダクトのブランディングでは、ブランドエクイティの概念が該当します。ケラー（2000）は、ブランドエクイティに関して、「顧客ベースのブランドエクイティとは、あるブランドのマーケティングに対応する消費者の反応に、ブランド知識が及ぼす効果の違い」と定義しています。これは、ブランドエクイティは、ある製品やサービスのマーケティング成果がブランドネームやその他のブランド要素を伴っているか否かによって異なる、という事実に準拠している、とケラー（2000）は述べています。従って、ブランドエクイティを構成する要素が、ブランディングの対象者のマインドの中に強く存在していることが確認されれば、マーケティング活動によって対象者に伝えてきた内容とブランド名が一体となって、ブランド名によって連想される付加価値を形成し、資産価値を生み出しているということになります。もしも、パーソナルブランディングに関しても、同じようなブランドエクイティが概念化され、それを測定する尺度を開発することができれば、パーソナルブランディング活動の結果として、その対象者に、その人のパーソナルブランドを資産化することができたかどうか、つまりは、その人の名前とその人がもたらす価値が一体化されて、対象者のマインドに定着化したかどうかを判断することができることになります。もしも、定着化したことを確認できれば、対象者にとって、他者にはない付加価値がその人には生じたということになります。これは、例えば企業採用のプロセスでこれが生じたのであれば、その人が採用される可能性が他の応募者よりも高くなったことを意味します。

　パーソナルブランドの文脈におけるブランドエクイティに関する実証的な研究となると益々限定的になりますが、学究的な研究に要求される統計的な手続きを満たしている研究として Gorbatov et al.（2020）によるパーソナルブランドエクイティを簡単に紹介したいと思います。（研究者

名で選んだわけではありませんが、結果としてお気づきのように、筆頭となっている研究者は、Gorbatov et al.(2018)と同じです。また、共同執筆者も１名を除いて同じです。）

　Gorbatov et al. (2020)は、パーソナルブランドエクイティを以下のKeller(1993)の３つの次元：マーケティングへの消費者の反応、差別化効果、そしてブランド知識からなるブランドエクイティの概念化に従って、再概念化しました。つまり、ブランド理論をパーソナルブランディングに拡張して、Keller(1993)によって作られた次元に新たにラベルを張り直した、ということになります。１番目の次元、つまりマーケティングへの消費者の反応は、ブランドに対する反応（すなわち、知覚、選好、或いは行動）に関わるもので、これはパーソナルブランドの特徴と性格がアピール（訴求）する程度と似ていることから、この次元をブランドアピールとして、ラベリング（名づけ）をやり直しています。マーケターがプロダクトの刺激に対して消費者からポジティブな反応を引き出すよう努めるように、個人が他者に彼らのブランドと連想させるように様々な特徴や属性を強調する必要があります。パーソナルブランディングの研究は、パーソナルブランドエクイティを増加させようと、個人はターゲットオーディエンスのニーズと選好に基づき、特定の特徴や性格を強調することによってブランドアピールを開発する、例えば親しみやすさ、或いは、オーディエンス志向のネットワーキング、ということを示していると、Gorbatov et al.(2020)は説明しています。

　第２の次元、すなわち、差別化効果は他のプロダクトと比較して、そのプロダクトが目立つ程度を示しており、パーソナルブランディングにおける差別化効果とは、どの程度人のプロフェッショナル価値が他者よりも優れているかを示すもので、ブランド差別化と再ラベル化（名づけ）されています。これは人の仕事に伴って連想され、知覚される優位なベネフィットに関するもので、人のパーソナルブランドの強みは、そのようなベネ

フィットに関わる差別化の程度に依存します。Keller（1993）は、ブランドの差別化効果を、プロダクトの架空或いは無ブランドのバージョンに対するブランド化されたバージョンへの、消費者の反応としてのブランドの差別化効果として見ています。効果的なパーソナルブランドは、際立つ特徴とユニークネスのセンスを持っており、そのような差別化はパーソナルブランドを競争力あるものにして、競合する労働市場においてゴールを達成するためにより大きな優位性、例えば仕事に就く、プロジェクトに参加するよう問われる、或いは昇進される、を保証すると Gorbatov et al.（2020）は主張しています。3番目の次元であるブランド知識は人の記憶の中に保管されるブランドに関連した記述的で評価的な情報で、パーソナルブランディングの文脈では、この次元は、その人のプロフェッショナルな分野における認知というコンセプトに似ており、ブランド認知と再ラベル化されました。この次元は、産業、仕事或いはサービスに関する人のパーソナルブランドの顕著さ（突出性）の知覚と関連しています。マーケティングにおいて、ブランド認知は、ターゲットオーディエンスのマインドにおいて、あるブランドの認知と再生の容易さとして概念化されています（Keller（1993））。消費者は馴染みのあるブランドにより関心を向けるので、ブランド認知を増加させることをブランド構築において優先すべきであると、Hoeffler and Keller（2003）が述べていように、関連する広範な人々に、その人ならではの訴求と優れたプロフェッショナルオファーをプロアクティブに供給することによって、個人は彼らのブランドの顕著さ（突出性）と広範な到達（outreach）を増加します。

　Gorbatov et al.（2020）は、彼らが仮定したようにパーソナルブランドエクイティが、ブランドアピール、ブランド差別化、そしてブランド認知の3つの因子による3次元構成から成る概念であることを検証し、また、これら3つの因子を測定するための3因子、12項目からなる尺度を作りました。詳細は Gorvatov et al.（2020）をご覧頂くとして、各々

の因子が、どのようなものかについて、アイディアを得て頂くために、Gorvatov et al.（2020）により開発 / 整理された 12 の質問項目を以下に示しておきます：

ブランドアピール：

- 私は、他者よりもポジティブでプロフェッショナルなイメージを持っている
- 私は、ポジティブでプロフェッショナルな評判を持っている
- 私は、一緒に仕事をするのに魅力的である

ブランド差別化：

- 私は、高い品質を作り出すことで評判である
- 私は、他者と比較してよりよいプロフェッショナルである
- 私は、他者と比較して、より高いプロフェッショナルな価値を提供すると思われている
- 私は、プロジェクトや課題のための望ましい候補者である

ブランド認知：

- 私は、私のプロフェッショナルな分野で知られている
- 私の名前は私のプロフェッショナルな分野で有名である
- 私は、私の直近のネットワークの外で知られている
- 私は、他者によって、彼らのプロフェッショナルなコンタクトとしてよく推薦される

上記は Gorvatov et al.（2020）の APPENDIX: PERSONAL BRAND EQUITY ITEMS POOL を意訳して掲載したものです。

ライフストーリーと
ナラティブ研究のポイント

　本書は、特にワーキングキャリアを切り拓いていくために、自分自身の
ユニークで他者と差別化された好ましいパーソナルキャリアブランドを構
築するための手引書です。キャリアは自分の生きてきた人生そして、これ
から将来に向かって生きていく人生を色濃く反映したものです。そこで自
分自身のキャリアをブランディングするためには、自分の人生を見直すこ
とで、ブランドを作る際に必要な基本情報を集めることになります。これ
は企業ブランディングを行う場合も同様で、特に創業者の強力なリーダー
シップによって成長してきた企業の場合は、創業者の生きてきた道を木目
細かく辿ることによって、企業のブランディングを行う際に必要な情報を
慎重に取捨選択していくことになります。人のキャリアを整理したものと
言えば履歴書が思い浮かびますが、それは基本的にはどの学校で学び、ど
の会社のどこに所属をしてきたかの時系列的な整理にすぎず、そこから、
ブランディングの対象者にとって記憶に残る好ましいブランドを作るため
の十分な情報を得ることは難しいでしょう。

　同じ自己紹介文でも履歴書の延長ではなく、その人の出会った様々な出
来事や転機となった逸話がビビッドに語られていると読み手の興味を強く
ひくことになります。つまり、そこに物語性（ストーリー）があることで
単なる事実の時系列的な配置では伝えることができない感情が伝わってき
ます。人生（或いは、生きた軌跡）の物語ですから、ライフストーリーと
いうことになるでしょう。心理学者の McAdams & McLean（2013）
は、人間は生まれつきのストーリーテラーで、民話からリアリティTV ま

で、人生における特定のエピソードや一定の時期、そして、これらの意味合いを列挙して自分自身のストーリーを作り他人と共有する、と述べています。本書のアプローチでは、パーソナルキャリアブランディングを行うための源泉となる自身の振り返りが非常に重要で、まさに自分自身のライフストーリーを語ることから始まるわけです。

　ところで、ライフストーリーと似通った言葉としてライフヒストリーがありますが、この２つは同じものでしょうか？社会学者の大久保（2009）は５つのポイントを挙げて、それらの差異を説明しています。要約すると、①ライフヒストリーは語り手が一方的に語っていくが、ライフストーリーでは、聞き手がアクティブな存在で共同制作者となるので、聞き手が変われば内容も変化する、②ライフヒストリーは語り手の人生全体に及ぶが、ライフストーリーはそれだけでなく、１つのエピソードを語る場合も含まれる、③ライフヒストリーは歴史であり過去を語るが、ライフストーリーは未来を展望して語られ、現在は過去と未来の両方を包括するものである、④ライフストーリーはアイデンティティ論と密接に関連していて、自分を語ることは自己との対話であり、それを通じて自分そして他者から認識される、⑤ライフヒストリーは個人の語りだが、ライフストーリーは個人の語りを規定している文化としての語りも含む概念である、と解説しています。如何でしょうか？ライフストーリーについて、大体のイメージを掴むことはできたでしょうか？

　ライフストーリーの研究は人々の生きてきた経験を、ナラティブ（語り）を通じて研究する領域ですので、そのナラティブ（語り）とはどういうものなのかを理解することが非常に重要です。特に本書は、ライフストーリー研究そのものに興味があるというよりは、ライフストーリー研究における考え方や手法を私たちのブランディングに応用することに興味を持っているので、このナラティブ（語り）の考え方や方法が重要なわけです。なお、ライフストーリー研究では、「ナラティブ」とか、「物語」、或いは「も

の語り」という言葉が出てきます。これらの持つ意味合いについて、最初に簡潔に整理をしておきましょう。

　社会学の見地から、野口 (2018) は、ナラティブは通常、「語り」又は「物語」と訳され、「語る」という行為と「語られたもの」という行為の産物の両方を含意し、この両義性を表す日本語が無いため「ナラティブ」という用語が使われている、と説明しています。そして、ナラティブは複数の出来事を時間軸上に並べて、その順序関係を表すものでストーリーはナラティブにプロット (筋立て) が加わったものとして、ナラティブとストーリーとを区別しています。但し、これはナラティブ・アプローチについての説明の一貫であり、ライフストーリー研究に限定したものではありません。野口 (2018) は、ナラティブ・アプローチについて、ナラティブという概念を手がかりにして何らかの現象に迫る点に特徴がある、と説明しています。ライフストーリー研究はポピュラーな研究分野で、様々な学究的な領域をクロスして研究されていますが、この節では心理学的アプローチからナラティブについて概観したいと思います。ナラティブとストーリーについては、前出のように、ナラティブとストーリーを区別して使用する研究者と、同じ意味を持つものとして扱う研究者に分かれます。心理学 (生涯発達心理学) の視点から、やまだ (2021) はナラティブもストーリーも同じ、「もの語り」として扱っており、以下のように定義づけています、「もの語りは、2 つ以上の出来事を結びつけて筋立てる行為」。ここで、「筋だて」とは出来事の組立のことです。この定義では、時間軸が外され、更に因果関係も外されています。もの語りは静的な構造や形態ではなく、出来事を絶えず組み替えて結んで、意味づけをしていくライブの生成プロセスとして考えているところが特徴と考えられます。こうした考え方の背景には、私たちの存在は、私たちが起こす行動や、事件の単なる総和ということではなく、やまだ (2021) が言うように、「一瞬ごとに変化する日々の行動を構成し、秩序づけ「経験」として組織し、それを意味づけな

がら生きている」、つまり、「経験の組織化」と「意味の行為」という考え方が基本にあります。従って、個々の要素が同じであっても、どのようにそれらを結び付けていくか、或いは、筋立てていくかによって人生全体の意味合いを大きく変化させることもできる、ということになります。そういう意味では、「もの語り」或いはナラティブは、人生を編集する行為でもある、とやまだ（2021）は説明しています。ところで、やまだの言うところの「もの語り」とは、語り手と聞き手との間の共同作業であり、共同して生成する力動的なプロセスです。この対話の中で、語り手の人生を語り直すことによって（事実としての過去は変えられませんが）、過去におきた様々な出来事を構成しなおすことも可能になります。やまだ（2021）の考えでは、過去は何か固形物のように蓄積されて、それをそのまま引き出すというようなものではなく、「過去」は「現在」と照合され絶えず再編成され読みかえられることで変容していくもので、「現在」にある、と考えているところが特に興味深い点です。著名人のインタビュー番組などを見たり聞いたりすると、非常に優れたインタビューアーが進行をしているときは、語り手は時間軸の中を自由に行ったり、来たり、つまり時間を逆行したり、回帰したり、立ち止まったり、ぐるぐると回ったりして、ご自身のナラティブを楽しんでいらっしゃるときがあります。まさにナラティブとは、こうしたダイナミックなプロセスと言えるでしょう。このようにナラティブは自分なりの時間軸を作り出すことができるので、過去と現在を結びつけることで未来を見通すことが可能になり、そこに希望を見出すことができるのです。また、人は過去と現在を結ぶことで自分のアイデンティティを確認することもできます。心理学者の McAdams & McLean（2013）は、人が自分の中に取り入れ（内在化）、進展・発展するライフストーリーをナラティブアイデンティティ（Narrative Identity）と呼んでおり、人生に統合と目的を提供するために再構築された過去と想像された未来である、と説明しています。そして、ナラティブアイデンティティ

を通じて、人は自分自身が誰で、どのようにそうなったか、そして、その人生は将来どこに向かって行くと考えているかを自分自身そして他者に伝える、と説明しています。こうして、自己のアイデンティティの形成への効果も考慮に入れると、人はライフストーリーを語ることを通して、自身の人生や生活を見直し、そこに新たな意味を作っていくことで自己の生き方や価値観さえも変えることができると考えられるでしょう。以上、ライフストーリーとナラティブについて概略を紹介してきましたが、最後に本書の目的であるパーソナルキャリアブランド作りに、どのように役立てるか、そして、どのような課題があるかを考えてみましょう。

　第1に、過去は語り直すことによって現在と照合され、再構成されることで新しい意味を作り出すことができる、という点です。偉人伝やらビジネスの成功ストーリー等を読んだり映画をみたりすると、大多数の人達が多くの失敗や挫折を味わっていることが解ります。何度失敗をしても立ち直るような回復力 (resilience) は、特にビジネスの世界では極めて重要な資質とみなされています。この回復力の源泉の一つが、この過去の再構成による新しい意味の生成ではないでしょうか？結局、大きな失敗を重ね、それらからの学び、すなわち意味の再解釈と価値の再発見を得て乗り越えることによって養ってきた、resilience の強さが成功者達を作ってきたのではないでしょうか？失敗をした部下に対する、コーチングの事例として、「もしも、もう一度やり直せるとしたら、何をしますか？」という質問がありますが、過去を再解釈することで新たな意味を与える、という考え方は我々の日常の生活でも役立てることができるでしょう。また転職を含むワーキングキャリアでは、その仕事に就いたこと自体が大きな失敗で、毎日が辛く大切な時間を無駄遣いしているように感じることもあるでしょう。しかしそのような経験も、その後新たな時間軸上で振り返ってみると、あの時に出会った人のお陰で新たな世界を切り拓くことができたとか、毎日嫌々ながら行った無駄と思われた手法を、後の仕事で活かすこ

とができて救われたと思われることも多々あります。結局、経験に、「無駄な経験」などはなくて、その価値は自分がそれをどのように解釈して活かしていくことができるかにかかっているのではないでしょうか？

　第2は、これも 1 番目に挙げたポイントと密接に関わっていますが、ストーリーを語ることによって時間軸を作り出し、過去、現在を結びつけ未来を見出すことができるという点です。我々の人生は自分自身でコントロールできる範囲は極めて限られており、更に 1 秒先でさえ何が起きるかを正確に予測することはできません。もちろん時の流れに身を任せ自然体で生きていくことにも大きな意味があるとは思いますが、自らのパーソナルキャリアブランディングを行おうという人々は、プロアクティブに自らの未来を切り開こうとしている人々であると思われます。とはいえ日本の場合、高校への進学率が 95 ％ を超えている現状では、具体的に職業のことを考えるのは高校卒業後ということになるでしょう。更に、高校卒業後約 56 ％ が大学に進学するという状況では、高校卒業後、半数強の人々が将来の方向性（文系か理工系か、或いは、何学部かというレベルで）は決定するが、具体的な職業については、更に 3〜4 年後まで決定を行わない、ということになります。その時点で、すでに 22 歳に迫り、更には多くの理工系学部では大学院へと進む場合も多いことから、実に 24 歳あたりまで職業選択を行わないことになります。こうなってくると、子供の頃に「就きたい将来の仕事」と思っていたものが、場合によっては消滅しているかもしれません。実際、2015 年に発表された野村総研とオックスフォード大学の共同研究は、AI の導入によって日本の労働人口の 49％の仕事がなくなると予測しています。従って幼少の頃からとは言わないまでも、中学生の頃から未来の自分自身の仕事或いは職業に直結した準備を淡々と進めている人を見つけることは、かなり難しいのではないでしょうか？言い換えれば、20 歳代の前半や中盤に差し掛かる時期になって、「ああしておけばよかったなー」と、過去の自分や経験に後悔の念を持つ

人が結構、存在するのではないかと考えられます。これに加えて、前述のように自分自身の周りで起こることについて自分自身でコントロールできることは極めて限定的ですから、思いもかけない経験やインシデントに出くわす可能性もあるわけで、経験をしたその時点では、「やれやれ、これから一体どうなるのだろう？」と途方にくれたときも、人それぞれあるのではと思います。現実として起こった過去、過ぎ去った出来事そのものを変えることはできないわけですが、例えば自分はこれから10年間という時間の中で、何を成し遂げたいのかを探るための一つの方法として、過去、現在、未来へと伸ばした時間軸で現在を媒介として、過去－未来、未来－過去と縦横無尽に自分自身の経験や出来事を再構築して意味を与え直すことによって、過去が形を変え、そして自分自身の未来の姿がみえてくるのではないでしょうか？行先を見失って逡巡躊躇するような悶々とした日常生活から、未来を見通すことで毎日の生活に希望と明るさを見出すことができるでしょう。本書では、マスターブランド作りに着手する前に、My PPF（Past, Present,Future：過去、現在、未来の英文のイニシャリズム）を作成することになっています。ブランディングプロセスの実際の章で詳しく説明をしましたが、これは、いわゆる履歴書的な時間軸を最初に設定して、仕事に限らず、人生に遭遇した経験や出来事を書き留めることから始めて、現在と未来という視点から、各々の位置付けや、自分の人生にとっての意味合いについて自問自答（自分と自分とのダイアローグ）を通じて再構築をしていくものでした。このプロセスの中で、今まで大失敗だったと思っていたような経験が、実はこれから目指そうとする未来にとって、非常に重要な強みと結び付けられることを発見する場合もあります。こうしてその再構築の中から、今までのキャリアにおけるハイポイント、ローポイント、転換期等を確定していきます。単なる履歴の列記の中から、こうした出来事や経験を導いていくことは表面的になりがちですが、過去、現在、未来の時間を結ぶ軸の中でキャリアを見直し、それら

の意味を再考することで、より核心に迫る内容を作ることが可能になるでしょう。

　以上のように、ナラティブを通じたライフストーリーを通して、様々な再発見や意味の再構築が可能になるわけですが、お気づきのようにナラティブはダイアローグ（対話）であり、語り手と聞き手との間のダイナミックなやり取りで進行していくものです。それもライフストーリーのナラティブの場合、聞き手の専門的スキルの程度によって、その内容が大きく変化するものです。しかし、本書を参考にしながら My PPF を作る場合は、本書ですでに述べたような効果を 1 人（自分自身）で可能な限り出す必要があります。パーソナルキャリアブランディングのセミナーを開催し、集団で実施する場合はロールプレイングとして、話し手と聞き手を設定して実施することも可能ですが、この場合の聞き手は、カウンセリングやコンサルティングに関して通常はアマチュアですから、それだけでなく、経験を積んだキャリアコンサルタントのようなプロの助けを借りながら進めて行くことも必要でしょう。そこで、本書では MY PPF シートに沿って進めて行くことで、モノローグ（独白）にならず、自己とのダイアローグ（対話）の効果を出せるような工夫がなされています。MY PPF に記入する内容を語り、それを録音して、質問すべきところで再生を止めて語り直すという繰り返しも可能ですが、非常に時間がかかるので、自分の語りを文書化して「赤」を入れていく、つまり、文章化した自分自身の語りに自ら校正や編集作業を繰り返していくことで、相当深い語り直し効果が期待できます。それによって経験を組織化したり、意味を練り直すことが期待できますので、実質的にライフストーリーのナラティブ手法をある程度は応用できるでしょう。MY PPF は、その後に続く一連のブランディングの源泉となる内容を作り出すということだけでなく、過去－現在－未来を繋ぐ柔軟な時間軸の中で、今まで気が付いていなかった未来の方向性を新発見する可能性もあります。MY PPF には少し時間をかけて、何回

も語り直し、練り直しをする価値があるところですので、根気よく取り組まれては如何でしょうか？

第 3 節
ブランディングに関連する
ストーリーテリング研究の要約

　ライフストーリーを描く際にナラティブを活用するために、ナラティブについての一般的な説明を前節で行いました。そこで概説したように、ナラティブは語り手と聞き手との間のダイナミックなやり取りの中で進んでいくもので、従って、その組み合わせが変化すれば、その中身も変化すると述べました。つまり、会話或いは対話としてのナラティブについての説明でした。ここでは、パーソナルキャリアブランドメッセージに関連するトピックとして、ブランドの主体者が対象者に一方的に語りかけるストーリーテリングについてお話しをします。つまり会話というよりは、モノローグの世界です。もちろんブランドは SNS を通じても頻繁に発信をしますので、SNS 上での会話が進行していくこともありますが、ナラティブの語り手と聞き手のようなダイナミックな関係（インタビューアーとインタビューイーのような関係）とは異なるものと考えられます。前節で扱ったナラティブは、パーソナルキャリアブランドを作るために必須のライフストーリーを、言わば、自分と自分との対話の中で再現していくための手法として紹介しました。一方、このストーリーテリングでは、自分自身のキャリアを巡る物語を、どのようにして自分自身のブランドストーリーへと組み込んでいくかのヒントとして簡潔に検討します。

　ストーリーテリングは文字通りストーリーを語る行為で、基本的には時系列的にテキスト或いはアートの形で特定の行為や出来事、更にはフィクションを語るナレーションと捉えることができます。ストーリーは人々が経験した、又は経験する出来事に形を与え、それに対して意味付けをする

ことで他者が知覚することを可能にします。また、ストーリーは時空を超え、文化やジェネレーションも超えてオーディエンスの心を捉え、創造力を引き出すことができます。また、ストーリーを強力にするカギを握る特徴として、Woodside（2008）は、「人間の記憶はストーリーに準拠している、記憶の検索（想起）は大部分がエピソードである（以下省略）」と述べています。認知心理学の中では、人間の記憶は、知覚→短期記憶（ワーキングメモリー）→長期記憶という流れを辿り、人間が知覚した中で極めて限定された一握りの情報のみが長期記憶に辿りつき、保持期間の制限を受けることなく記憶に留まることができます。この長期記憶は、宣言的記憶と手続き的記憶（非宣言的記憶に分ける場合もある）によって構成されています。私たちが日常生活をスムーズに進めることができるのは、手続き的記憶のお陰で、自転車に乗るのに、いちいちマニュアルを見る必要もありませんし、箸と茶碗の使い方で迷うこともありません。このHOWとしての記憶が手続き的記憶というわけです。一方、宣言的記憶はWHATについての記憶で、意味記憶とエピソード記憶に分けられます。意味記憶は知識に関わる記憶で、我々が一定の基準、例えばカテゴリーであるとか、クラスに分類することができたり、理解できたりすることができるのは、この意味記憶のお陰です。そしてエピソード記憶とは、文字通り日常的な経験（エピソード）についての記憶で、言わば、私達の人生における様々な出来事や経験を貯蔵しているところになります。つまり、我々の過去、現在、そして未来を繋ぐ一連のストーリーを司るのがエピソード記憶であり、人間の長期記憶への出入り〔記銘（記憶すること）→保持（貯蔵）→検索（想起：思い出すこと）〕に直接的に関わることができるという点で、ストーリーを語ることは人間に大きな影響を及ぼす潜在性を持っていることになります（但し、既述のように、ストーリーという形をとった情報も、長期記憶までたどり着くのは並大抵のことではありませんが。）Mucundorfeanu（2018）は、「ストーリーは大きな説得の力を持っ

ている、何故ならば、我々のエピソード記憶は、たやすく商品等を記憶し、我々がその商品を再び見たり聞いたりするときに、それらを私たちのもとに呼び戻してくれるからであり、それが数字や特定のデータと異なる点である」、と述べています。アーカー（2019）は、ストーリーが重要である理由として以下の３点を挙げています：

①強い力を持つ（単なる事実のまとまりよりも）、そしてそれらの事実がいかなる形で提示されようとも、ストーリーのほうが圧倒的に強力である、②デジタル時代の主役はコンテンツであり、コンテンツのカギはストーリーにある、③ストーリーなしにメッセージを伝えることは難しい。このように強い影響力を持つストーリーなので当然のことながら、ブランディングにおいて主要な技法として広く活用されています。Mucundorfeanu（2018）は、「Kevin Roberts，世界的に有名な広告会社である Saatchi & Saatchi の CEO は、ストーリーは人と人との間をつなげる決定的なツールであることを意味すると主張した。従って、よいストーリーは人々とブランドを繋げることもできると仮定することも可能である。興味深いストーリーの助けを借りて、あるブランドを差別化することができ、顧客からの関心を得て、WOM のための材料を届け、情緒的な付加価値をも提案することができる」と述べています。

　私達は毎日の生活の中で、様々な人々とストーリーという情報を交換しています。Kent（2015）は、このような毎日の意見交換の有様を、「家族のメンバー、パートナー、配偶者、子供、友人、そして同僚、さらには、僅か数分間しか知り合っていないストレンジャーにストーリーを語っており、ストーリーは広告やマーケティングの必需品となる」と述べ、ストーリーを介したブランドの拡散の重要性を強調しています。Smith & Wintrob（2013）が、「私達は人々に私達のブランドを気づくように強制はできないが、しかし、もしも、ブランドを大きなストーリーの一部にすれば、顧客の生活にとってより意味を持つようになる」と主張するように、

ブランディングプロセスにおいて、ストーリーテリングは、その他のブランディングの要素と同様に、消費者に新しい経験を約束する重要な手法、そしてマーケティングの基本的なツールとなっています。

　Woodside et al.（2008）は、何故、ストーリーテリングがマーケティングにとって必須なのかについて５つの理由を提示しています：

①人々は自然とナラティブ的に考える

②ストーリーは記憶を強化する

③ストーリーは喜ばしい経験を提供する

④ブランドとプロダクトは心理学的な元型に訴求する、それによって消費者との強いアイデンティフィケーションに到達する

⑤ストーリーは明瞭さを提供する

　上記の①と②については、すでに、Woodside et al.（2008）で説明した通りですが、④にある「元型」については補足をします。「元型」とは精神科医・心理学者のユング（カール・G・ユング）の心理学における中心概念である集合的無意識の中の仮説的な概念です。集合的無意識とは個人的に獲得された無意識（個人的無意識）に対して、生まれながらに備わった人類に共通した普遍的な無意識です。ユングは臨床経験に基づき幻想や妄想を研究する中で、それらが世界中の神話や昔話などと共通のパターンや主題を持つことを見つけた、と言われています。また、「それらのイメージは、非常に印象的で人を惹きつける力を持っているもので、それらを原始心像と命名した」河合（2017）ということです。河合（2017）は、「原始心像という用語によって、これらのイメージをとらえ、研究してきたユングは、それらのイメージのもとになる型が無意識内に存在すると考え、それを元型とよんだ。（中略）原始心像は元型的なイメージであり、そのようなイメージを通じて、人間の無意識内に存在するいろいろな元型を探ることが、彼の心理学における重要な課題となった。（中略）元型は無意識内に存在するものとして、あくまで人間の意識によっては把握しえない仮説

概念であり、これらの意識内におけるはたらきを自我がイメージとして把握したものが元型的なイメージ（原始心像）なのである」と説明しています。以上の説明を理解したところで、もう一度④で言わんとしている意味を検討すると、ブランドが持っているストーリーは元型に基づいている、或いは投影したもので、それを具象化しているとも考えられるので、当該ブランドを購買したり使用したりすることで、ブランドと消費者との間に強いアイデンティフィケーション（同一化）が生まれる、ということになります。この元型（Archetypes、アーキタイプ）に基づき既存のブランドの意味合いを紐解いたり、新たなブランディングの試みのために、意味管理システムを提案したりしているのがマーク＆ピアソン（2020）で、「私たちの精神構造に古来から存在する型、つまりカール・ユングのいう『アーキタイプ（元型）』の概念を使い、ブランドに意味や利益をもたらす方法について解説したものだ」と述べ、注目される製品には、アーキタイプを具象化しているという共通点がある、と指摘しています。そしてマーク ＆ ピアソン（2020）は、彼らの著作について、「ブランドが持つアーキタイプという深いルーツを活かし、ブランドの意味を創造、維持、保護、育成することの重要性と、その絶好の機会を活かす術について解説した」、と述べています。12 種類の型については、マーク＆ピアソン（2020）をご覧いただければと思います。

　Korzh & Estima（2022）は、Lund et al.（2018）の引用として、「ストーリーは聴衆の生活への多くのタッチポイントを備えており、情緒的な繋がりを促進し、そしてブランド価値を伝達しているが、そこに素晴らしいストーリーが貼り付けられていなければブランドに関して何も差別化されない」と述べ、マーケティングは単に関心を捉えることでは、もはやなく、それに代わって多くのマーケターは今や、会話、関係性と信頼を改善することを通じて人を惹きつけることにフォーカスしている、と述べています。実際は最終的には、人々はプロダクトを買うのではなく、ストー

リーが人々にもたらす情緒とセンセーションを買うと言う考え方もできるでしょう。以上のように適切に管理されたブランドは、その中心にストーリーを持っていますが記憶の説明でも触れたように、ストーリーであれば何でも長期記憶に到達するというわけでもありません。人に知覚された情報（つまり、知覚されるというチャレンジを最初に乗り越える必要があります）が、長期記憶に到達し貯蔵されるのは、文字通り非常に狭き門を突破する必要があります。そのストーリーの核心部分とブランドの核心との間に整合性があることはもちろんのこと、どのような種類のストーリーを如何にして伝えるかが非常に重要になります。次に、こうして優れたブランドとして人の記憶に定着していき、狙い通りの反応やアクションを引き起こすには、どうすればよいかについて考えていきましょう。

　まず、最初は Aaker & Aaker（2016）（或いは、アーカー（2019））が提唱しているシグネチャーストーリーに、そのヒントを見ることができます。彼らはシグネチャーストーリーとは「興味をそそる、本物で、他者を巻き込み、戦略的メッセージを伴うナラティブで、ブランド、顧客との関係性、組織、そして／或いはビジネス戦略を明瞭にして高めるもの」と定義しています。この定義に含まれている、「興味をそそる」から「戦略的メッセージ」までの４つの要素は、そのまま、あるストーリーがシグネチャーストーリーにあてはまるかどうかの評価基準になります。そして、その構築のステップとして、「シグネチャーストーリーを見つける→シグネチャーストーリーを評価する→シグネチャーストーリーのための露出を得る→シグネチャーストーリーを活用する」を示しています。

　シグネチャーストーリーが、上記の４つの基準（興味をそそられる、本物である、他者を巻き込むそして戦略的メッセージを持つ）を満たす程度は、それらを開発し使用することによって作られなければならない、と述べ、「これらの基準に照らして一つでも当てはまらないような弱いストーリーをシグネチャーストーリーに持ち上げようとする誘惑は我慢しなけれ

ばならない」と、Aaker & Aaker（2016）は述べています。４つの基準
のうち、少し説明が必要と思われる２点について補足しましょう。まず、
「本物（authenticity）」とは、「ストーリーの聴衆がストーリーを偽物、不
自然或いはあからさまな販売努力と知覚しない、そして、その背景に実体
が存在することを意味すること」と説明しています。また、「他者を巻き
込む」とは、「聴衆たちがストーリーに引き込まれることを意味し、通常、
聴衆に認知的、情緒的或いは行動的な反応を引き起こすこと」と説明して
います。以上のようなストーリーの内容についてだけでなく、その構成に
ついても、Aaker & Aaker（2016）はヒントになるポイントを示してい
るので紹介しましょう。一つは唯一の完成版としてのシグネチャーストー
リーを一つだけ持つ方法、そして、もう一つが同様のメッセージやストー
リーアークの周辺に３〜４つ或いは、更に多くのストーリーをセットして
構成するシグネチャーストーリーです。後者は従来の管理方法に加えて、
もともとアーカー（2005）で提唱されているブランドポートフォリオ戦
略を基礎にした考え方で、類似性のある複数のシグネチャーストーリーを
セットにして構成して管理する、という手法です。すなわち概念的には、
ブランドポートフォリオと同様に、ターゲットセグメント別に（基本コン
セプトは同じだが）表現や強調するポイントを変えたストーリーを複数用
意しておき、ターゲットにとって関連性の高い、すなわち、興味がそそら
れるストーリーを選んで提供するものです（但し、アーカー（2005）流の
ブランドポートフォリオは、独立したブランド或いは商品分類によって構
成されるもので、実体としては異なります）。この手法は、パーソナルブ
ランディングに非常に有効な管理手法であると考えられます。基本は同じ
である自分のブランドを、ターゲットに木目細かくあわせることで、ター
ゲットの興味を喚起し、彼らをインボルブさせていく必要があるからで
す。事例を伴なった内容についてはアーカー（2019）をご覧頂ければと
思います。

次に参考にしたいのは、ブランドに特定したものではなく、ビジネス全般或いは組織マネジメントへのストーリーテリングの応用についてです。その大きな理由は、Denning（2006）が指摘するように、「ストーリーを語るための唯一の正しい方法は存在しないということである」という点です。これは既述したようにポートフォリオでストーリーを管理するという視点とも関連しています。Denning（2006）は、ストーリーテリングは、「数々のツールから成っており、各々は様々なビジネス目的に適合する。（中略）これらのパターンの間にある違いを理解することはストーリーテリングの効果的な利用へ、そして、組織が頻繁に犯す間違いを避けることへのキーである」と述べています。そして８つのナラティブ（ストーリーテリング）パターンを示しています。このパターンは提供するナラティブについて、その目的、（目的に合った）ストーリーの内容、語る際の注意点、聴衆をインスパイアするためのキーフレーズを示しています。ちなみに８つの目的は、行動を喚起する、貴方自身について伝える、価値を伝える、会社が何者であるか—ブランドを伝える、協力（協同）を醸成する、噂話を鎮静化する、知識を共有する、人々を未来へと誘う、以上です。多くの企業では、これらの目的に合わせてストーリーテリングを調整しようとせず、唯一の方法があると誤解している点に Denning（2006）は警鐘を鳴らしています。彼は、「ビジネスの世界へとストーリーテリングを取り入れるにあたって、ストーリーテリングはビジネス目的を達成するためであって、それ自体が目的ではないことを常に心に留める必要がある。それ故に、ストーリーテリングを導入するときは、追求されるビジネス目的に、また、示したような様々な目的に関連付けるナラティブパターンに、鋭いフォーカスが、ツールをともなって、置かれ続ける必要がある」と述べています。様々な形で強調されるストーリーテリングの効果を発揮するためには、優秀なストーリーテラー或いはライターが必要なわけですが、それが不十分な場合には、Denning（2006）が示すようなパターンを参

考にすることが必要となるでしょう。これについては、パブリックリレーションズの世界でも同様なことがあてはまり、Kent（2015）は、パブリックリレーションズのプロでさえも、説得力のあるストーリーを作るためには習熟或いは教育が必要と考え、歴史を通じて使用された説得力のある 20 のマスタープロットについて説明をしています。Kent（2015）は、マスタープロットは、組織が危機そして変化、成熟、成長、そしてその他の記念すべき活動のときに使用することができるツールであると述べています。このように組織メンバーやパブリックリレーションズのプロにとっても、充分に力のあるストーリーを作り、語ることは容易ではなく、参考にする一定のパターンやプロットが必要というわけです。

　課題をパーソナルキャリアブランディングに絞ると、自分のブランドストーリー作りに習熟している方は、それ程多くはないと思います。そこで、まずは第 1 章の第 2 節第 1 項のゴール作りの際に参考にしたように、様々な企業の企業サイトを訪ねて企業理念や経営理念を、よく読んで、その内容、文章の作り方、構成を中心に学ばれるのが 1 番だと思います。この方法の方が、一般的なパターンやプロットから自分に合うものを拾って参考或いは真似をするより手っ取り早いでしょう。また可能な限り創業者型企業を選び、トップからのメッセージも併せて取り上げてみてください。そして、どのようにトップからのメッセージが企業理念や経営理念、或いは企業ブランドへと昇華されているかを分析してみてはいかがでしょうか？とりあえず 1 日 2 社を 1 週間程度続ければ、パーソナルキャリアブランディングの範囲でどのように内容を取り上げ、文章化していけばよいかの検討がつくはずです。

　それに加えて、純粋に文章を書くことや、ストーリーの構成方法に興味がある方は、エッセイやシナリオライティングの書き方についての入門書をお読みになって基礎力を養うこともよいでしょう。いずれにせよパーソナルキャリアブランディングでのブランドメッセージは、最終的にはせい

ぜい300から600字程度で語ることを伴う文章ですから、少ないセンテンスで、フォーカスされた内容を情緒的なアピールも伴いながら、いかにして表現するかがポイントになるでしょう。

第４節
ブランド理論研究のミニ系譜

　最後の節は、パーソナルキャリアブランディングの考え方やアプローチの基礎として影響を及ぼしている、ブランド理論を紹介することを目的としています。そのために最もオーソドックスなアプローチは、ケラー（2000）或いはアーカー（1997）をベースとしたブランド論を要約することだろうと思います。しかし、ここでは少し横道にそれてブランド研究の時代的な流れに沿って、多少、独自な視点でブランド研究を紹介したいと思います。大きな流れは、Oh, Keller, Neslin, Reibstein, & Lehmann（2020）のブランド論の簡易な文献レビューに従いますが、そこに任意にトピックスを入れ込んでいますので、迷路に入り込まないように最初にカバーするトピックスを以下に示しておきます：

　A. ブランドの誕生

　B. ブランドの定義

　C. ブランドアトリビューツの時代

　　・多属性態度形成モデル

　　・情報としてのブランド：ベットマンモデル、ELM そしてハワード
　　　CDM

　D. ブランドエクイティの時代

　　・アーカー（1997）とケラー（2000）を中心に

　　・企業ブランドとプロダクトブランドそしてブランドオニオン
　　　（実務的なブランドマネジメントの視点で）

　E. ブランディングの時代

A. ブランドの誕生

　まず、ブランドというコンセプトの誕生については、すでに何度も繰り返されているストーリーですから覚えているのでは、と思いますが、Oh et al.（2020）の説明を短縮して一応触れておきます。より緑の豊かな草原へと牛を移動させる放牧のお話しです。そこでは、様々なオーナーの牛が混在してしまいますので、そこで自分の牛を見つける（確定する）ために牛に自分達の牧場の刻印を焼き付けて見分けられるようにした、というお話です。古ノルド語の焼き付けるという意味の "brandr" から "brand" という用語が出来上がったということです。これが情報としてのブランドの始まりで、その後大量生産、大量消費の時代に入り多くの消費財の企業に、この情報としての、つまり誰が作ったものかを表すロゴを商品に付けることが普及をしたわけです。このことから、情報を付加するという意味はその商品の出所を明確にすることで信頼や安心感を商品に与えるという機能があったと思われます。

B. ブランドの定義

　ここで、歴史の流れからははずれますが、「ブランド」の定義について

少し検討をしたいと思います。まずは、AMA（アメリカマーケティング協会）によるブランドの定義を見てみましょう：「個別の売り手もしくは売り手集団の商品やサービスを識別させ、競合他社の商品やサービスから差別化するための名称、言葉、記号、シンボル、デザイン、あるいはそれらを組み合わせたもの」（コトラー、ケラー（2008））これは、1960年に作られたオリジナルな内容です。AMAのサイトで最近の定義を見ると、非常に簡略化されて：

"A brand is any distinctive feature like a name, term, design, or symbol that identifies goods or services"

（引用元：https://www.ama.org/topics/bramding/）（2023年）

「ブランドとは、商品或いはサービスを識別する名前、用語、デザイン或いはシンボルのような他と区別する特徴です」（著者による意訳）

オリジナル版、この更新版にかかわらず、AMAの定義は非常にポピュラーですが、それに対する批判も少なからず存在します。例えば、プロダクトに気を取られすぎている（Crainer, 1995）とか還元主義で制約しすぎ（de Chernatory,L.,et al., 1998）、更にはマネジャー達が好む「大きなB」ブランド視点ではなく「小さなb」ブランドの見解にフォーカスしていて現実から遠い（Keller, 2006）といった批判があると、Riley（2016）は指摘しています。ところで、この「小さなb」と「大きなB」についても、Riley（2016）の説明を参照したいと思います：「この「小さなb」のブランドの見解とは、消費者が購買時点において様々なブランドを認知することを可能にする、主に名前と視覚的なアイデンティティの方法によって、そのオファリングを差別化する企業のインプット活動（de Chernatony,1993）に焦点を絞ることです。この視点は、「ブランド」と登録商標と非常に類似した内容になり、ブランドを「ロゴ」として解釈することが認知を可能にする一方で、「法的な手段」は侵害者を起訴することを可能にする、ということになります。」と「小さなb」を説明していま

す。「大きなB」について、Riley(2016)は「対照的に、「大きなB」の見解は「ブランドを、単なる識別子と法律文書と見る以上に複雑な存在と価値システムとして見る」と説明しています。更にRiley(2016)は、「ブランドネームは、プロダクト製造業者達の中を差別化するために採用されたラベル以上のものである。それは様々なアイディアとアトリビューツを表現する複雑なシンボルである」とGardner & Levy(1955)を引用しています。また、Kapferer(2008)による「ブランドはプロダクトの名前ではない。それは、その名前の下でプロダクトとサービスの創造を駆動するビジョンであり、このビジョン、つまりブランドのカギとなる信念とコアバリューはアイデンティティと呼ばれる」という見解を付け加えています。そして、「大きなB」のより全体的なスタンスとして、企業のインプット(ブランド要素とブランドアイデンティティ)と、イメージ又は消費者のマインドにおける心理的な連想のセットとしてのアウトプット視点(de Chernatony,1993)とをブレンド(混合)する、それはプロダクト又はサービスの知覚価値を増大させる(Keller, 2008)。更にこのステップを前進させると、「ブランドは消費者のためにブランドが象徴する主観的な意味合いを通して使用経験を変容させる「価値システム」として概念化できる」(de Chernatony et al. 1998:427)。「大きなB」についてRiley(2016)は以上のように説明しています。

　AMAのブランドの定義に以上のような見解を加えることで、やっと我々の理解に近づいた印象があります。おそらく、AMAの定義はブランドの定義だけでは不充分で、以下のようなAMAの定義と並行して読むことで、大分実体としてのブランドに近づくのではないでしょうか？：

「ブランドマーケティング」とは何か？

　「ブランドマーケティングは、競合から差別化する独特なアイデンティティ、価値、そして認知を作ることにより市場においてブランドを促進して構築するための、企業によって使用されるアプローチである。」

「ブランドマーケティングは、広告、広報、そしてコンテンツマーケティングを通じて情緒的に顧客と繋がり、ロイヤルティを構築し、そして最終的に売上とマーケットシェアをドライブすることを狙いとしている。」
（著者による意訳）引用元：https://www.ama.org/topics/branding/）
以上のようなブランドについての定義を理解した後に、歴史の流れに沿ったレビューへと戻りたいと思います。

C. ブランドアトリビューツの時代
多属性態度決定モデル

情報の時代の次に訪れた流れはアトリビューツ（属性）にフォーカスして消費者のプロダクトやブランドに対する態度を研究することでした。消費者がブランドを検討或いは比較するときには、そのブランドが備えている属性を評価することで態度を決定しますが、ある商品カテゴリー、例えば清涼飲料水を評価する際に利用する属性の重要度は、人によって異なる可能性が高いと考えられます。こうした属性に関する仮定に基づき、代償型の評価をすることで態度を形成すると考えられたのが多属性態度決定モデルです。そして、その代表がフィッシュベインの多属性モデル（Fishbein's Multiattribute Model）（Fishbein（1975））です。比喩的に表現するとブランドとは属性の束である、と仮定するところから始まるわけです。この理論では、消費者のブランドに対する態度は2つの因子で決定すると仮定しています。定式1で示すと：

$$Aj = \sum_{i=1}^{n} a_i b_{ij} \quad （定式1）$$

但し、

A_j＝ブランドjに対する態度

a_i＝属性iの消費者にとっての重要度

b_{ij}＝属性iがブランドjによって提供される程度についての信念

n= 製品属性 i の数

定式 1 に示されている a_i は属性 i の重要度、そして bi_j はブランド j が属性 i を提供する程度についての信念です。ai は、その回答者が評価をしている商品カテゴリー、例えば清涼飲料水が持っている属性についての回答者にとっての重要度です。質問としては、あなたが清涼飲料水の購入を考えるとき、フレーバーのよさをどう評価しますか（非常に悪いから非常によい、の尺度で）、そして bi_j は評価対象の各ブランドについて、そのブランドが属性 i を提供する程度を評価するもので、質問としては、ブランドXX はフレーバーのよさはどの程度ありそうですか（非常になさそうから非常にありそう、の尺度）？こうして調査対象となっている各ブランドごとに、各属性についての重さ（ai）と、その評価或いは信念（bi_j）の積を求め、属性の数だけ総和をして、そのブランドに対する選好の態度を決定するわけです。その後、このモデルは様々な検証を受けてきましたがモデルに対する批判の一つが、行動と態度の関係よりも本人の対象に対する態度を説明しているに過ぎないというものでした。これに応えて、Fishbein は認知理論を応用して次のような行動意向モデル（Behavioral Intention Model）（Ryan & Bonfield（1975））を発表しました（定式 2）：

$$\text{Aact} = \sum_{i=1}^{n} B_i a_i \quad （定式 2）$$

Aact＝特定の行動を遂行することに対する態度

B_i＝特定の行動が結果 i をもたらすという見込みについての信念

a_i＝特定の行動を取ることで得られるだろう結果 i に対する評価

特定の行動の人の評価は、行動の知覚結果とその人にとってのそれらの価値の関数というわけです。モデルは、更に行動を起こす環境における社会的、或いは規範的な影響も考慮することへと拡大していきますが、それは

主に社会心理学の領域に属するモデルです。以上のように Fishbein の多属性モデル及びそれに類するモデル群は、属性の時代において様々な商品やブランドに適用され検証されてきました。さて次に、Fishbein 型の態度決定モデルをも組み込んだ統合的な情報処理型意思決定プロセスモデルについて解説をしたいと思います。

ベットマンモデルと ELM そしてハワードの CDM

　消費者の意思決定のモデルというと、すぐに浮かぶのがハワード・シェスモデル Howard et al.（1969）のような新行動主義のアプローチでしょう。行動心理学で人の意思決定を刺激と反応という関係で説明していたものに、刺激 S の次に、その刺激を受ける人間である生活体である O を置き、そしてその後に、その反応 R を置き、S-O-R で人の行動を説明しようとしたものでした。単純な S-R ではブラックボックスであった生活体の中にも光をあて、その中で行われている情報探索や選択行動と意思決定を説明しようとしたものでした。しかしこのモデルでは、人はあくまでも刺激を受けて反応するという受動的な存在として扱われていたわけですが、もちろん、例えば購買をする場合、人は自分自身でなんらかの目標を立てて、その達成のために情報を探索・収集そして検討して意思決定をするという能動的な存在として捉えた方が望ましい、という考え方が生まれました。それが、ベットマンモデルと呼ばれる情報処理型意思決定プロセスとよばれる意思決定モデルで、Bettman によって発表されたのは 1970 年代初頭ですが、2000 年代の初頭頃まで、このモデルを補足する ELM と共に人気のあったモデルです。このベットマンモデルの元となった考え方は、Bettman（1971）の冒頭で述べられている通り、Newell, Shaw, and Simon（1958）による意思決定ネットワークで、初期の人口知能のパイオニア的存在のコンセプトを参考にしたものです。従って、ベットマンのモデルの中味をみると基本的には初期のコンピュー

ターの情報処理プロセスそのままであるようにも見えます。また、モデル
の構成図を少し距離を置いてみると、大きく２つの構成概念によって作ら
れていることが解ります。それは階層化された目標を達成することに動機
づけられる動機と、認知心理学における核となる要素である（多重）記憶
の理論です。（多重）記憶の概念は、知覚、短期記憶、長期記憶から構成さ
れていますが、この短期記憶の中が情報を取得するプロセスと情報を統合
プロセスの２つに分けられています。

　それでは、人が何かを購入することを動機づけられてから、最終的に特
定のブランドを購入し、その経験を長期記憶に貯蔵するまでの流れを、簡
潔にベットマンモデルで検討をしてみましょう。本節はブランドに関連す
る理論を概括的に紹介するところですので、ベットマンモデルの緻密な内
容の全ては説明しません。もしも、この節の概説で興味をもたれた方は、
清水（2002）或いは清水（2006）の情報処理プロセスモデルをご覧いた
だければと思います。ここでは清水（2002）を参考にして、私流で思い
切って簡略化してご紹介します。（清水（2000）が、このように簡略化を
しているわけではありませんので、ご注意ください。）清水（2002）は、
情報処理プロセスを大きく４つの段階に分けて説明していますので、それ
に基づいて説明を進めて行きます。第１段階が目標設定で、ここが目標動
機の理論を応用している部分で、それまでの受動的な新行動主義的アプ
ローチと異なり、能動的な消費者を前提としているところです。ここで、
当該消費者が何かしらの購入対象を決定するところから、それについての
情報収集が始まることになります。「この段階では、その目標がどの程度
明確化かが非常に問題になる」と清水（2002）が指摘しているように、具
体的な商品なりサービスを設定している場合は具体的に、また抽象的なこ
とを目標に定めている場合は抽象的な属性で評価をすることになります。

　第２段階は情報検索で、「その際、鍵となるのは「関与」と呼ばれる概念
と、「知識」の概念である」（清水（2002））ということになります。関与

は目標を達成することに動機づけられている程度であり、また知識は過去の経験の保持の状況です。消費者は探索している情報について自分自身の長期記憶内を検索し、欠如或いは不充分な場合は外部から情報（知識）を得ることになります。結論を言えば、購入を検討している商品（サービス）について、関与が高く知識もある場合は、メーカーが商品カタログで説明しているような属性に基づき分析的に情報を検索できますが、それ以外の場合は消費者の独自の評価軸で検索をすることになります。

　第 3 段階は態度形成です。「このように知識や外部情報に触れながら、消費者はブランド群を評価し、選択すべきブランドを絞り込んでいく。これが第 3 段階の態度形成である」（清水（2002））という段階で、候補の中から、これだけは外せないという条件でスクリーニング（辞書編纂型）をする第 1 ステップ、そして第 1 ステップで残ったブランドに関して本節ですでに説明をした、フィッシュベインモデルのような多属性態度形成モデルの方法で重要な項目に重さを付ける代償型のモデルを用いて評価をする第 2 ステップです。こうして第 2 ステップは何回か繰り返され、最終的に購入の候補となるブランド群が選択されます。この 2 ステップの評価プロセスを表す Brisoux et al.（1990）の概念図は非常に深く、また、ブランドが比較検討され最後に選択されるまでをよく説明していると思いますので、一度参照をしてみてください。Brisoux et al.（1990）は、本来ツリー上の概念図ですが、第 3 段階の態度形成に関連して残っていく部分だけを、つまり意思決定の流れだけを示すと、以下のようになります：

入手可能の集合→知名集合（認知しているブランドのみ）→処理集合（第 1 ステップの辞書編纂型で選んだブランド群）→想起集合（第 2 ステップの代償型で残ったブランド群で考慮集合と呼ばれる）→第 1 位選択

　（　　　）は、ブランドの選好にあてはめた例。

第 4 段階は選択です。但し、諸事情により必ずしも第 1 位選択のブラン

ドが購入されるとは限らず、また最終的に購入したブランドの情報は、次回の購入の参考となるように、長期記憶内に蓄積されることになります。

　ところで、全ての商品やサービスに関して、一般の消費者がベットマンモデルのような分析的な情報収集や検討のプロセスを通るとは考えにくいのも事実です。例えば100円の清涼飲料水のブランド選択と、500万円の自動車との間、更には、同じ500万円の自動車の選択でも、自動車のメカニック並みの知識や経験を持った人と、運転すること以外に自動車についてよく知らない人とが、同じプロセスを通るとも考えにくいでしょう。またベットマンモデルに対して、このような批判があったことも事実です。そこにPetty & Cacioppo（1986）によって精緻化見込み理論（ELM）が提唱されました。ELMとベットマンモデルを組み合わせることにより、情報プロセス理論によって説明できる範囲が広がり、一時期は広く受容されていました。ELMについて、清水（2002）を参考に簡潔に紹介をします。まず検討しようとする情報について情報処理をする動機（精緻化動機）が高いかどうかを問います、そこで高い場合は、次の質問として精緻化する能力を持っているかどうかを問います、そこでも高いという答えが得られた場合にのみ、その人は情報の中心的処理を行うことになります。そしてこの中心的処理がベットマンモデルということになります。それ以外の場合、つまりどこかの途中で低いという答えと出会った場合は、情報の周辺的処理を行うことになります。周辺的処理とはベットマンモデルのように分析的で精緻な情報処理ではなく、例えばブランドの持つイメージであるとか、フィーリングといった感情的な要因でブランドを評価して態度を決定することになります。但し、消費者は中心的ルートか周辺的ルートかの二者択一ではなく、混合して態度を形成することになります。そして中心的ルートのウェイトが高い場合は態度が強く安定していますが、周辺的ルートのウェイトが高い場合は、態度が弱く様々な新しい情報によって不安的になる傾向があります。

　意思決定モデルの冒頭に触れたハワード・シェスモデルは、その後改良が加えられ更に情報処理モデルの影響を受けて、Howard(1989) はCDM（消費者意思決定モデル）を作り出しました。これは、6つの変数によって消費者の情報処理を表現したもので、単純ながら汎用性が高いモデルです。このモデルは情報（の受取）から始まり、ブランド認知、確信、態度（この3つはブランドイメージを構成する）を一定のパターンに従って通り、意図へと進み、最終的に購買に至ります。これは包括的問題解決行動、限定的問題解決行動、日常的問題解決行動に分けて、消費者が置かれた問題解決状況によってモデルが変化することを想定したモデルです（高橋（1999））。例えば、経験したことが無い新しい商品カテゴリーについて意思決定をする場合は、CDM を構成する変数の全てについてゼロから検討する必要があり、文字通り CDM 全体にわたって包括的な意思決定がされます。一方、すでに知っている商品カテゴリーの場合は CDM が確立されており、それを補足するような新しい情報を検索、検討すればよいので、限定的問題解決行動となります。また、意思決定がルーティン化しているような場合は、情報から認知、確信、態度というルートと、情報から直接意図に向かうものに分れるというように、ルーティン化した（日常的）問題解決行動をとるというわけです。Howard の CDM は 1990年代に Bettman の情報処理モデルと並んで消費者行動研究に大きな影響を与えたモデルです。

D. ブランドエクイティの時代
ブランドエクイティ

　歴史的な流れの中での3番目に位置づけられたのがブランドエクイティです。ブランドを付けた商品やサービスの構成要素に注目をして、それを如何にしてブランドのターゲットである消費者のマインドの中に位置づけるかに焦点を当てることになります。ブランドの構築というと、例え

ばアーカー的な表現をすれば、ブランドアイデンティティシステムを作ること自体であると思われる方もいらっしゃるかもしれませんが、ブランドを構築するというのは、正に、ターゲット消費者の記憶の中にブランドアイデンティティシステムを移転して定着することにほかなりません。

　ところで、ブランドエクイティの測定については3つの視点が存在します。Oh et al.（2020）は、次のように分類をしています：

- 消費者マインドセット：連想、態度、アタッチメント或いはロイヤルティを測定する
- プロダクトー市場結果：市場シェア、価格プレミアム、利益、収入プレミアムのような結果に基づき測定する
- 財務市場結果：　　　　ブランドネームを財務資産として数量化する試み

これから、1番目の消費者マインドセットの視点にフォーカスをして、もう少し説明を加えます。主に、認知心理学の考え方を使っていると考えられる2名の高名なブランド学者の定義を確認しましょう：

アーカーの定義と補足説明（アーカー（1997））

　「ブランドエクイティとは、「ブランドの名前やシンボルと結びついた資産（および負債）の集合」であり、製品やサービスによって企業やその顧客に提供される価値を増大（或いは減少）させる。

K. Keller の定義（ケラー（2000））

　「顧客ベースのブランドエクイティとは、あるブランドのマーケティングに対応する消費者の反応に、ブランド知識が及ぼす効果の違い」と定義されます。

　そして、アーカー（1997）の「主要な資産」は、ブランド認知、ブランドロイヤルティ、知覚品質、ブランド連想、その他のブランド資産。ー

方、ケラー（2000）の資産に相当するものが知識効果で、ブランド認知とブランド連想から成り立っています。そしてブランド認知は、深さ（再生と再認）と幅（購買、消費）、そしてブランド連想は、強さ（重要性と一貫性）、好ましさ（望ましさと伝達可能性）、そしてユニークさ（類似点と相違点）から成り立っています。各々の構成する資産については、アーカー（1997）とケラー（2000）をご覧いただくとして、結論から言えば、そのブランドの総合的なマーケティング活動を通じて、ターゲット消費者の心の中に、連想に関しては再生認知ができること、すなわち当該商品（サービス）カテゴリーにおいて、無条件に最初に思い出されるブランドになることが重要です。アーカー（2011）は、これをブランドレレバンスとも呼んでいますが、実務経験的にもこのような強力な認知を作ることは強いブランドをつくる最も基礎的な条件となるでしょう。マインドが構造をなしていると仮定すれば、その頂点、トップオブマインドの認知を作ることです。そして強いブランド、つまり強固なブランドエクイティを作るための、もう一つの条件はケラー（2000）の表現が最も解りやすく、的をついていると思います。「強く、好ましく、そして、ユニークな」連想です。また、アーカー（1997）の資産の中のブランド連想が持っている意味の一部である、広告などによって作られる様々な場所やオケージョンにおいて、当該ブランドが連想されるということも重要です。例えばピザを食べようとするとき、友人とのパーティーや海を見ると特定の清涼飲料水のブランドが思い浮かび、なんとなく飲みたくなるとういうような連想は、当該ターゲットのマインドの広い範囲を占めていることになり、購入（或いは、少なくとも購入の意向）の見込みが上がることに繋がるでしょう。こうしてターゲット消費者の心の中に強力な認知と連想を構築できれば、それはそのブランド、更には企業にとって大きな資産価値を生むことになり、ケラー（2000）が示すような様々なベネフィットを企業にもたらします。例えば強いロイヤルティ、大きなマージン、価格上昇に対する

非弾力的な反応、マーケティングコミュニケーション効果と効率の増大等です。

　さて、それではどのようにこうした強力な認知と連想をターゲット消費者のマインドの中に創り上げたらよいのでしょうか？これはアーカー（1997）の場合では、ブランドアイデンティティシステムの中心に位置するコアブランドアイデンティティを、具体化する当該ブランドが持つ価値、そしてその価値を作り出すアトリビューツをセットとして、例えば、広告活動を通じてターゲットの記憶内に定着させると言うことになるでしょう。ケラー（2000）の場合は更に体系的で、ブランドエクイティを構築する前に、ブランド要素（ブランドネーム、ロゴ、シンボル、キャラクター、パッケージ、スローガン）を選択して、マーケティングプログラムの実施、そして2次的な連想（企業、カントリーオブオリジン、流通チャネル、他のブランド、エンドーサー、イベント）を活用して、ブランド認知とブランド連想を作り出すことによって知識効果（ブランドエクイティ）を作り出すということになります。

企業ブランドとプロダクト（サービス）ブランド

　ブランドエクイティを作り出すための理論的なコンセプトについては大凡説明しましたが、次に、もう少し具体的な手法について説明をしたいと思います。ところで、後述しますが、企業ブランドを作る場合と個別のプロダクト（サービス）ブランドを作る場合には、考え方にもアプローチについても違いがあります。そこでまず簡単に企業ブランドと個別のプロダクト（サービス）ブランドについて説明をしておきたいと思います。

　企業ブランドの源泉は、企業理念や経営理念或いは、経営哲学にあります。創業者個人或いは一家が創立した企業では、その企業の経営哲学や理念は、その創業者のものである場合が圧倒的に多いという印象です。そのような場合、それは創業者の人生のストーリーを反映したものが多いの

で、創業者型の企業ブランドは、創業者のパーソナルブランドとほぼ同じ意味になると思います。もちろん、企業の生い立ちは創業者型の企業ばかりではなく、複数の企業が合併した結果できた企業や、企業の子会社ということもあり様々な背景を持っています。いずれにせよ、企業ブランドはほぼ経営や企業理念を元にして作られていると言ってよいでしょう。AMA（アメリカマーケティング協会）の"企業ブランディング"の定義は、「企業ブランディングは企業或いは組織のアイデンティティを構築しそして管理するプロセスである。企業の使命、価値、そして文化を作ることを目指している、それは企業のパブリックイメージと連携する。企業ブランディングは、顧客、従業員、投資家そして一般大衆を含むステークホルダーにおける一貫性がありポジティブな企業認知を作ることを目的としている。」（著者による意訳）と企業理念の MVV を含む概念として説明されています。（引用元：https://www.ama.org/topics/branding/）

　実際、もしも企業理念や経営理念と企業ブランドとの間に大きな乖離がある場合は、非常に大きな問題になります。基本的には経営理念や企業理念は社内の従業員を対象している場合が多く、一方で企業ブランドの対象は、外部の消費者、投資家、就職活動をしている学生等です。ここで従業員が理解して実践している企業理念に基づく考えや行動と、企業ブランドを通じて企業外に約束をしている内容との間にギャップがある場合、消費者側も従業員側も非常に混乱することになるでしょう。従って、基本的には企業ブランドは企業または経営理念を色濃く反映したものであるべきです。また企業ブランドは、経営理念や企業理念といった比較的、長期間にわたって安定している抽象度の高い内容を反映したものですから、そのターゲットは一般的に広範で安定しています。また、企業ブランドの内容は基本的には長期間にわたって変化しません。これは、企業理念や経営理念を反映しているという性質から当然と言えるでしょう。また、企業ブランドの直接の責任者はトップマネジメントということになるでしょう。

一方、個別（プロダクトまたはサービス）ブランドは非常に具体的なベネフィットが備わった商品で、最大の特徴でもあり、必須条件はターゲットを精緻に特定していることです。逆な表現をすれば、消費者の具体的で特定の問題を解決したり、曖昧なニーズを明確にしたりして、それを満たすことがプロダクト（サービス）ブランドの役割ですから、いかにして市場のセグメンテーションを行うかに、その成否はかかっています。最近ではセグメンテーションをするための情報収集に関して、一般的な質的、量的な調査或いは、その組み合わせでも不十分なことが多く、エスノグラフィックな手法を活用した参加型の観察調査等も併用して、競合を避けることができるサブ或いはサブサブセグメントを見つけ、自社ブランドを投じるというようなレベルの精緻化されたブランディング努力が必要になるでしょう。こうして、ピンポイントで焦点を合わせた消費者セグメントの持つ課題を解決する独自のアトリビューツの組み合わせが生み出すベネフィットを特定して、競争優位な価値提案をターゲット消費者に提示をして購入に繋げるということになります。企業ブランドの責任がトップマネジメントにあったのに対して、もちろん個別のプロダクト（サービス）ブランドの責任は、ほとんどの場合はマーケティング部にあります。

　まとめると、企業ブランドの特徴は、広範なターゲットと経営理念或いは企業理念を反映していること、そして企業のトップに実行責任がある場合が多いという点です。一方、個別プロダクト（サービス）ブランドの特徴は、精緻な市場セグメンテーションと針の穴を通すほどのピンポイントのターゲティングです。そして、そのブランドの正体は、プロダクトの持つアトリビューツが生み出す競争優位な消費者のベネフィットで、唯一で独特の価値提案によって示されます。またその責任者はマーケティング部ということになります。

ブランドオニオン

　このようなブランドの構成要素をターゲットの消費者に発信をするために、体系的に視覚化したブランド戦術やクリエイティブの開発のために利用する手法にブランドオニオンがあります。少し乱暴に聞こえるかもしれませんが、実務的なスタンスで語れば、戦略的かつ体系的に選んだブランドオニオンの一部の構成要素をターゲットの記憶体系に伝達して、それが定着すれば、理論的にはブランドエクイティが構築されるはずです。そこで、ここでも歴史的な流れは一時おいて、ブランドオニオンについて少し説明をしたいと思います。ブランドオニオンはトラディショナルな広告におけるクリエイティブな手法であることは間違いありません。ここでは、個人的に 2 種類に分けたブランドオニオンを図表 11 に掲載をしておきます。1 つ目のオニオンは、同心円の中心にブランドアイデンティティを置いたもので、アーカー（1997）のブランドアイデンティティシステムを参考にした内容を持つものです。すなわち同心円の中心がコアアイデンティティで、「ブランドの永遠の本質を表す」（アーカー（1997））もの

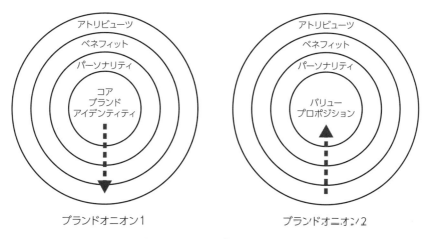

図表 11　2 種類のブランドオニオン

で長期にわたって安定しているものです。アーカー（1997）では、この
コアアイデンティティの外円として置かれているのが拡張アイデンティ
ティで「豊かさと完全性を与える要素が含まれる」（アーカー（1997））
ですが、これに相当するような内容を、ブランドオニオン1ではアトリ
ビューツのところに布置をしてあります。またアーカー（1997）の（機能
的便益、情緒的便益、自己表現的便益）に相当すると解釈させて頂いた内
容をブランドオニオン1のベネフィットに置いています。なおパーソナ
リティについては、おそらくコアアイデンティティを囲む位置で差し支え
ないと思います。アーカー（1997）のブランドアイデンティティシステ
ムについて脚色無しの詳細な内容は是非、アーカー（1997）をご一読く
ださい。ブランドオニオン2は、より広告的なアプローチになっている
のではないかと思います。同心円の中心には、当該ブランドの価値提案を
置いています。この価値提案のコンセプトや呼称は広告会社によって色々
あると思いますが、個人的に頭に入っているのはUSP（Unique Selling
Proposition）とSMP（Single Minded Proposition）です。USPは、
ブランディングや広告に限らず、一般的なマーケティング用語として競合
他社に対して差別化された強みの提案という意味を持っていると思いま
す。一方SMPは、確か、世界でも有数な広告会社のクリエイティブの開
発における原則で、相当エッジの効いたコピーでブランド提案をすること
になると思います。どちらのアプローチでいくにせよ、ターゲット消費者
に当該ブランドについて、研ぎ澄まされた価値提案をこのオニオンのど真
ん中に置こうというものです。

　ここまで、お読みになるとお分かりのように、ブランドオニオン1は、
ブランドオニオンの説明の前に解説をした企業ブランドにおける様々なコ
ンセプト作りやコミュニケーション素材の開発に適しており、ブランドオ
ニオン2は、個別のプロダクト（サービス）ブランドに適しているでしょ
う（使い分けるとよいでしょう）。企業ブランドのターゲット消費者は、

広範ですのでブランドオニオン 2 のようなエッジの効いた提案をすると、はみ出してしまう消費者が沢山出てくる可能性があります。一方、ブランドオニオン 1 を特定のターゲット層に向けて発信することは、内容の構成、例えば付随的に訴求するアトリビューツの内容を適切にすれば、全く外すことはないまでも、例えば SMP で迫る競合に対しては影が薄くなるかもしれません。

　ところで、これはやや感覚的な側面も否定できませんが、ブランドオニオン 1 の方は、企業ブランドの場合で、広告を作ろうとか販売促進計画を作ろうとした場合の思考の方向性としては、図 11 のブランドオニオン 1 の矢印の方向が相応しいと考えています。すなわち同心円の中心であるコアブランドアイデンティティから出発して、今回の広告（販促）で強調したいターゲット消費者が得られるベネフィットを選び、それを実現（具現化）するために必要なアトリビューツを選ぶという流れです。例えばコアブランドアイデンティティで、「思いやりのあるエアライン」と主張している場合、（例えば）それを具体化する「リラックスできる機内体験」をベネフィットとして選び、そのサポート（アトリビューツ）として「機転の利くキャビンクルー」と「パーティション付のベッド（シート）」を選ぶという具合です。一方、ブランドオニオン 2 の広告や販促の開発はプロダクト（サービス）ブランドに適していると思っており、差別化のポイントとして取り上げたいベネフィットのサポートとなるアトリビューツの選択から始まって、それがもたらすベネフィット、そして、それを統合した競争優位性のある価値提案、という外から内への矢印の流れです。当該プロダクト（サービス）ブランドの固有のバリュープロポジションについての変更はないが、それをサポートしているプロダクト（サービス）の（例えば）成分の一部が改良されたといった場合は、特にこのアプローチが相応しいでしょう。このようにブランドオニオンはブランドを、コアブランドアイデンティティ（或いは、ブランドエッセンス）、そのブランドのパーソナ

リティ（或いは、擬人化要素）、そのブランドがターゲット消費者に提供するベネフィット、そして、そのベネフィットを提供するアトリビューツ（属性群）を、ブランドオニオン上の該当する場所に布置をして、同心円内を内から外、或いは外から内と動き回って、商品改良、販売促進、広告制作等の着想を見つけるために役立つツールと考えています。また、ブランドオニオンによって無形のブランド部分（アトリビューツの価値ともたらすベネフィット等、そしてコアアイデンティティや価値提案の内容）の可視化ができますので、社内でのブランドの説明や、プロジェクトチーム内でのコミュニケーションツールにもなるでしょう。

E. ブランディングの時代

　さて、Oh et al.（2020）の歴史的な流れに戻ると、彼らのエッセイの位置付けでは、現在のブランド研究（エッセイ執筆時点）はブランディングの時代（2000s〜2020）と名付けられています。現在では、ブランドは日常的なボキャブラリーとなり、そのコンセプトは様々な企業や人によって利用されていると述べられています。そして、この時代における多くの研究者による様々なトピックについての研究を、以下のように5つの広範な分野に整理しています。詳細は原文を参照して頂くこととして、以下にOh et al.（2020）がリストアップした研究のテーマだけを示します：

A. ブランドの基礎：　1）ネーミングとロゴデザイン基準

　　　　　　　　　　　2）ブランドの財務的インパクトと価値

　　　　　　　　　　　3）ブランドエクイティの次元

B. ブランド無形分野：1）ブランド真正性

　　　　　　　　　　　2）ブランドフィーリングと情緒

　　　　　　　　　　　3）ブランドアタッチメントとコミュニティ

C. デジタル時代におけるマーケティング効果：

　　　　　　　　　　　1）ソーシャルメディアとクチコミ

　　　　　　　　　　2）オピニオンリーダーとインフルエンサー

　　　　　　　　　　3）オンラインデータからのブランドミーニングの

　　　　　　　　　　　抽出

　　　　　　　　　　4）伝統的なメディアとの統合

D. ブランド構造：　　1）ブランド拡張と希釈化

　　　　　　　　　　2）企業イメージ

　　　　　　　　　　3）コブランディングとブランドアライアンス

E. ブランドの役割：　1）文化的な差異

　　　　　　　　　　2）法的効果

　　　　　　　　　　3）シンボルとしてのブランド

以上を見ると、現在の研究分野については、突出して過去からの時代の流れを超えているというよりは、殆どのテーマについて馴染みがあり、密接に実務的なブランドマネジメント課題と連動していることが窺えると思います。

ブランドアーキテクチャー

　この現在の研究テーマの中にある D. ブランド構造（ブランドアーキテクチャー）は、テーマとしては本書の基本コンセプトと密接な関係を持っています。第 1 章をお読みになった通り、パーソナルキャリアブランドはマスターブランド＋ターゲット別価値提案で成立する構造となっており、マスターブランドとターゲット別価値提案の関係性は、このブランドアーキテクチャーの考え方に影響を受けています。また、ターゲット別価値提案をポートフォリオとして整備をしておくという考え方も同様です。ということで第 1 章、特に第 3 節の第 1 項でブランドポートフォリオやブランドアーキテクチャーについては、各々のトピックスに関する説明の文脈に沿ってすでに解説をしてきました。しかし各文脈との関連ではなく、独立して体系的にブランドアーキテクチャーについて参照されたいと

いう場合も考えられますので以下に要約を示しておきたいと思います。内容として重複するところも多々ありますが重要なコンセプトですので参考として頂きたいと思います。

　消費財を扱っている企業が持っているブランド或いは商品の一覧を拝見して、それを1枚の紙の上にツリー上に分類しようと試みると、なかなか分類というレベルで整理がつかず、製品上のダブリが多かったり、過去に殆ど動きのないアイテムがあったり、商品ラインアップ上で、どのような役割を果たしているのかが解らない商品やブランドが溢れている場合に遭遇します。多くの場合は、歴史のある企業で、実際に一度も視覚化して整理したことがなかった、という場合が多いようです。こうなると新商品を発売しても、全体の中でどの製品グループ、あるいはブランドグループに所属させると一番効率的に管理できるか、というような発想が浮かびにくいでしょう。実際は特定の市場セグメントにおける狙いたいサブセグメント毎にブランドを位置づけておくことによって、その市場セグメントを重複や漏れなく上手くカバーをして製品間やブランド間のシナジー効果を生み出すことができる機会を逃している場合があります。ブランドアーキテクチャーの発想は、既存のそして今後発売していく製品やブランドの各々について、ブランド戦略上の役割を与え、各々の関係性を明確にすることでブランド全体の効果と効率を上げようとするものです。従って、整理をする中での新陳代謝も伴いますので、新製品の投入だけでなく、廃番も伴うことになります。このブランドポートフォリオのマネジメントとブランドアーキテクチャーについては、アーカー（2005）が最も体系的で実用的だと思いますので、これを参考にして説明を進めていきます。まずブランドポートフォリオの対象となるのは、その企業が市場に投入している、或いは、投入しようとする全ての製品或いはブランドです。ポートフォリオに入れるもの、入れないものという管理をしては元も子もありません。そして各ブランドや製品には、各々の必然性が無ければいけませ

ん。昔々、所属していた会社にはマーケティング部員が担当したがらないブランドがありました。製品機能としては非常に優れたブランドでしたが、上手く他のブランドとグルーピングすることができず、その上、売上が小さいものでした。手間がかかる割には、管理をしなければならない主要ブランドとのシナジー効果が期待できず、煙たがられていたのだと思います。しかし、それはフットケアに属する製品でしたが、もしもフットケア製品を競合優位にシステムで販売していこうと思えば、おそらく非常に貴重なブランドだったと思います。日用雑貨品にはこうした製品グループを上手く組めると価値がグンと出るブランドが多く存在します。ブランドアーキテクチャーは、こうした視点から 1 つのブランドの下に、機能的にシナジーを出せる製品群を揃えてシステムで販売することによって競争優位性を作るキーになることもあります。例えば、口腔衛生を考えてみると、歯磨き粉、マウスウォッシュ、歯ブラシ、歯間ブラシ、フロス、デンタルピック等が考えられますが、共通なベネフィット、例えば、健康で真っ白な歯、の下 1 つのブランドで展開することができれば、強いブランドになる可能性が高いと言えるでしょう。このように、ポートフォリオを構成する全てのブランドと製品群に役割と意味を持たせて管理をしていくことがブランドアーキテクチャーの大きな目的になります。ブランドアーキテクチャー（ブランド体系）とは、「ブランドの役割、ブランド間の関係、異なる製品間の定義を明確にする、ブランドポートフォリオの体系的な構造」（アーカー（2005））のことでこれが上手く整理されていれば、どのブランドにどのような新製品が必要で、どれをいつ廃番にしたらよいか、どのブランド或いは製品群にどの程度の投資をしたらよいか、どの程度の回収を見込むべきかということがより明確になってくるでしょう。実際のブランドマネジメントにおいても、各ブランドの中での個別最適だけでなく、企業全体のブランドアーキテクチャーを眺めたときの全体最適を図るためにも重要なコンセプトであると経験上思っています。

ブランドアーキテクチャーで重要な戦略上の課題は、どのようなブランド構造にするかです。図表12は、アーカー（2005）が提示しているブランドポートフォリオの戦略を大幅に簡略化したものですが、4つの大きな戦略がある、という点は変更していません。各々の戦略的な構造には一長一短がありますが、どれがよくてどれが悪いということはなく、各々の企業の経営戦略で決定をすればよいものですが、毎年変えていくというほど柔軟性のあるものではなく、ある程度長期にわたって運用をしていかないと、企業内外とも大混乱をきたすことになります。この構造のポイントは3点です。1番目は、企業ブランドに相当するマスターブランドの影響力をどうするか、2番目は個々のブランドの独立性をどうするか、そして3番目がマスターブランドと個別のブランドの各々にどの程度、消費者の購買決定への影響力を与えるかです。この視点で、図表12を右から見ていきます。まず、個別ブランド戦略はマスターブランドの影響力を殆どゼロにします。従って個別ブランドの独立性は、ほぼ100％となるで

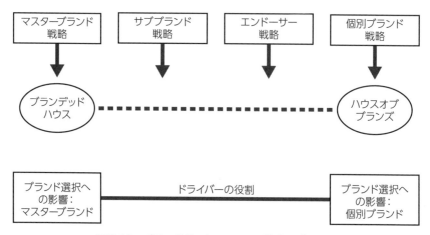

図表12　ブランドポートフォリオの戦略オプション

「ブランドポートフォリオ戦略」デイビット・A・アーカー（著）、阿久津聡（翻訳）、ダイヤモンド社、2005年を参考に作図

しょう。個別ブランドから矢印が出ている楕円形に書いてあるように、このタイプのアーキテクチャーを "House of brands" とも呼びます。文字通り複数のブランドの家というイメージで、1つ屋根の下に複数のブランドが独立存在しているイメージでしょうか。また、その下をみると、「ブランド選択への影響：個別ブランド」と書いてある通り、例えば、消費者に「今、どこのおむつを買いましたか？」と聞いたときに、「パンパースです」と個別のブランド名がかえってくるでしょう（「P&Gのおむつです」ではなく）。この意思決定を駆動するもの、ドライバーが個別ブランドなのが、個別ブランドのアーキテクチャーの戦略です。というわけで、個別ブランド戦略は、個別のブランドがほぼ完全に独立をして運用される形です。個別ブランドの優れているのは、なんといってもターゲットとしているセグメントに深く入り込んで、そこで圧倒的なブランドになることができ、またそれ故に、消費者の中において、そのセグメントとのレレバンスが構築できるために、トップオブマインドの認知を確立できる点にあるでしょう。しかしビジネスのマネジメントという点では、自立して投資と回収を行っていく必要があるため、一度下り坂に入り込むと、回復が大変であるという危険性もあるでしょう。

　その隣にある戦略がエンドーサー戦略で、個別のブランドに企業ブランド（マスターブランド）が持っているブランドの特徴（例えば、信頼性やイノベーション）を個別ブランドに付加してお墨付きを与える戦略で、それを示唆的に行うものから明確に表示するものまで色々あります。例えば、レクサスの示唆的なエンドーサーはトヨタ、また○○ by XX（マスターブランド）として直接的に示す方法まで色々あります。直接的にエンドースすればするほど、マスターブランドのドライバー力が強まり、その左隣のサブブランド戦略に近づきます。企業ブランドとして、個別ブランドへの影響を保ちながら、個別ブランドからの影響を最小限にすることができる、という戦略です。

その隣がサブブランド戦略で、特に日本企業のブランドアーキテクチャーとして多く見られる形です。マスターブランドの持っているブランドの特徴とサブブランドが持っている特徴を相互に影響しあえる関係になっています。例えば、マスターブランドが持っている企業としての安心感や人材力と、サブブランドが持っている刻々と変化する市場への今日的な価値提案力がミックスすることでユニークな競争優位性を創出することが可能でしょう。また、左隣のマスターブランド戦略では、1つのブランドの下に、あまりにも様々な商品分野に進出をすると、「一体、このブランドって何者？」ということになります。しかし、サブブランド戦略では、広がっていく分野にアイデンティティを持つサブブランドがあるので、その混乱が大きくなることはありません。また、マスターブランドの下に新しいサブブランドを投入していきますので、ゼロからの出発ではなく、マスターブランドのブランド資産を活用できるため投資負担（リスク負担）を抑えることができる、等の有利な点があります。ドライバーの役割については、それぞれの企業のマネジメント戦略に依存しますが、どちらか極端に振れる、例えば、ほぼマスターブランドにドライバー要素が偏っているというような場合は、ほぼマスターブランド戦略ということになるでしょうし、その逆は、ほぼエンドーサーブランドということになるでしょう。

さて、一番左に置いてあるのがマスターブランド戦略で、この戦略では時には製品名をもじった製品のネーミングがあまりにも巧みなので、サブブランド戦略かと思う場合もありますが、実際にはマスターブランド以外にブランドを設定していない戦略です。第1章でも触れましたが、アイリスオーヤマのブランドアーキテクチャーが例となるでしょう。この戦略はなんといっても1つのブランドに注力できる点で、そのブランド力を生かして新しい製品分野に進出できるので、特に個別ブランド戦略に比較して、はるかに投資の負担が低いと言えるでしょう。しかしながら、サブブ

ランドでも触れましたが、むやみに拡張していくと、マスターブランドの意味合いが薄れてブランドが希釈化されてしまいますし、また、ブランドは 1 つしかありませんので、どこかの製品分野で失敗すると、そのブランドの失敗と受け取られ（実際は、そのブランドの下の 1 分野の製品にすぎないのが）、大きな損失をこうむるというリスクが存在します。マスターブランドの持ち味を上手く利用ができて、しかも、マスターブランドを強化できるような一貫性と整合性のある分野に参入すれば、マスターブランド戦略はバランスのとれた戦略であると言えるでしょう。第 1 章のターゲット別価値提案のポートフォリオにある各々のターゲット別価値提案が、このマスターブランド戦略での製品分野に相当します。但し、ターゲット別価値提案の場合は、パーソナルブランドでマスターブランドが 1 人というブランドですから、一度に複数の職を持つことは困難です。せいぜいプラスワン、ダブルジョブを追加できる程度かもしれません。という訳で、ポートフォリオには複数のターゲット別価値提案が存在するものの、マスターブランド＋ターゲット別価値提案の差込口に加えることができるターゲット別価値提案は、現職プラス 1 つ、そして場合によっては教育関係で、もう一つで最大 3 つ程度かもしれません。このようなわけで、パーソナルキャリアブランドにおけるブランドアーキテクチャーは、かなり単純なものになるでしょうが、コンセプト的には企業のマスターブランド戦略と同じ意味を持っていますので、自分自身が自分のマスターブランドのブランドアーキテクチャーの設計、作成、そして管理を行っている自覚を持って取り組むことが必要です。

F. 未来のブランド研究

　再び、Oh et al.（2020）の研究の歴史の流れに戻ると、未来のブランドに関する研究（～2030）について以下のようなテーマを挙げています：
A. 技術とブランドの役割

B. プロダクトと企業を超えるブランドの拡張されたスコープ

C. データコレクションと分析の進化

技術とブランドの役割やデータコレクションと分析の進化については、すでに様々な分野で実践及び研究され、読者の皆さんも馴染みのある分野であると思いますので、深入りはしませんが、Bのプロダクトと企業を超えるブランドの拡張されたスコープに注目をしたいと思います。この伝統的なブランディングの対象を超える分野そして様々な実体（entities）とプロダクトにおける研究分野が "The Routledge Companion to Contemporary Brand Management"（Riley et al.,2016）にも取り上げられています。これは、現在及び未来にわたってのブランド研究の現状を示すオムニバス形式の文献です。上記の範疇に入るものが全部で20章分ありますが、ここでは様々なオーディエンスに向けたブランディングと、様々なエンティティ/プロダクトのブランディングの各々で、最初にリストアップされている10章分だけ以下のようにリストアップします（原文の直訳です）：

　１）B2Bブランディングの将来の見通し

　２）エシカルブランドとそのマネジメントの更なる理解

　３）非営利ブランディング

　４）戦略的エンプロイヤーブランディング：現在の領域、未来の方向性

　５）インターナル・ブランディング：文献の解剖、再分析そして再方向づけ

　６）高等教育のブランディング

　７）政治ブランディング：スコットランドのリファレンダム事例

　８）アートブランディング

　９）国家から近隣まで：プレイスのブランディングとマーケティング

　10）ラグジャリーブランディングの挑戦

1）から 5）が様々な人々（オーディエンス）に向けたブランディング、6）から 10）が様々な実体（entities）/ プロダクトのブランディングに関する各々のテーマ群です。Riley et al.(2016)の 4）と 5）はインターナル・ブランディングに関連する分野、7）と 8）がパーソナルブランディングの関連分野、そして 9）がプレイスマーケティングとブランディングに関連する分野です。このように、本書で扱っているパーソナルブランディングそして、人（従業員と個人）のブランド化という点で共通している組織における人間の側面からのブランディング（インターナル・ブランディングとエンプロイヤーブランディング）はブランド分野における期待される研究テーマであることが解ります。またプレイスブランディングについても、過去の一時期ほどではありませんが、未だに期待されている分野であることが伝わってきます。ここは過去の個人的な研究分野であったこともあり、上記の 3 つについて少し解説を加えたいと思います。

パーソナルブランディング

　パーソナルブランディングについては、本章の第 1 節で紹介しています。そこに解説をしている通り、パーソナルブランディングは、その名称、扱っている内容が分散しており、またそれが原因で、定説としての定義も確立をできていない状況です。またその内容もセレブリティの研究から、有名なアスリート、アーティストを対象としたもの、個人のブランド化まで広範に存在します。本書ではキャリアという視点に絞って検討をしましたが、今後も個人のブランド化についての研究は継続して拡大していき、研究対象も更に細分化が進んでいくだろうと思います。というのは、ブランディングを精緻に進めて行く上では、その目的とターゲットを明確にする必要がありますが、漠然と個人のブランド化だけでは、その点が曖昧で研究としての範囲が曖昧になる危険性があります。現在のパーソナルブランディングは、主に SNS における発信を目的としたものが多く見受けら

れますが、今後どのようなサブ分野において個人のブランド化が開発されるかが注目されるところでしょう。

プレイスブランディング

　プロダクトと企業を超える研究分野としてのプレイスブランディングは、文字通りプレイス（超国家、リージョン、国、地方、街等）を扱うもので、これらにも商業主義的なコンセプトを持った戦略の必要性への認識から出現したものでした。従って、最初はブランディングというよりはマーケティングコンセプトの拡張という見地から, プレイスをプロダクトとして捉えて戦略的で総合的なマーケティングモデルを提示しようとする試みでした。その後、都市化やグローバル化が進行する中で、プレイス間での競争が激化して、そこで、プレイスのイメージがプレイスを選択する要因の中で重要な要素となったことから戦略的なマーケティングに加えて、プレイスブランディングの必要性が強調されるようになったという背景があります。この辺の初期の動きでは、Kotler et al.(1998)、Kotler et al. (2002)、そしてKotler(2004)の影響が大きかったと思います。そしてその後、観光分野（Morgan et al.,2004）、国家のブランディング（Dinnie ,2008）、更にカントリーオブオリジンの流れを汲むPapadopoulos et al.(2002)、更には、国家政策の実務家としてAnholt(2002)の研究がプレイスブランディングの研究をけん引してきました。プレイスブランディングの研究は、未だに独自の理論的な枠組みを確立するまでには至っていないと思われますが、特に観光分野におけるディストネーションブランディングについての研究を中心に、数としては成長しているというのが現状でしょう。

インターナル・ブランディング

　Oh et al.(2020) の将来のブランド研究として、また、Riley et

al.(2016)で今後の研究分野として言及されている internal branding
は、組織内の従業員を対象としたブランド構築活動に関する研究分野で
す。インターナル・ブランディング (internal branding)は、実務、研究
両方の分野で国内外で確立されている分野です。日本ではその他インナー
ブランディングとも呼ばれています。私はもう少しそのブランディングの
実体を明確に表すために、「企業内ブランディング」と呼んでいます。人
のブランディングという点で、本書のテーマと共通しているだけでなく、
インターナル・ブランディングそしてパーソナルブランディングの両方で
コブランディング (co-branding、協同ブランディング) が可能性として
挙げられています。これはパーソナルブランディングにおいて、個人の
MVV 等を設定して、それを使って自分自身をブランド化しているのに代
えて、企業ブランドを利用する或いはそれらを融合することによって、企
業ブランドと自分のブランドとの協同ブランドを作成するというアイディ
アです。場合によっては企業と衝突するとか利害不一致になる場合がある
として、企業から敬遠される危険性があるパーソナルブランディングです
が、こうして協同ブランド化することで両者ともにベネフィットを得るこ
とが可能です。

　企業内ブランディングの説明に入る前に、(直観的なものですが)企業内
ブランディングとパーソナルキャリアブランドとの関係性を示す図表 13
を説明します。企業内ブランディングは、企業内部から見ると企業ブラン
ドを従業員に対して移転するために行う活動ですが、企業の外部から見る
と企業ブランドを使って従業員をブランド化しているとも見えます。そう
いう意味では、従業員は企業とターゲットオーディエンス(例えば、顧客)
との間に立って、企業ブランドを仲介している存在ともいえます。この様
子を図表 13 で説明すると、架空の企業 J 社の従業員である架空の人 A
さんは、J 社における企業内ブランディング活動に参加をして、その結果、
A さんの認知システムに J 社のブランドエクイティが醸成されました。

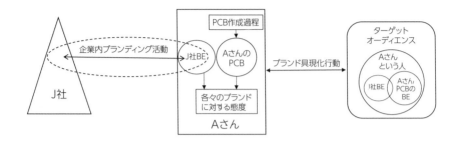

BE=ブランドエクイティ
PCB=パーソナルキャリアブランド

図表 13　企業内ブランディングとパーソナルキャリアブランドとの関係

その程度は、従業員によって大きなバラツキはあるでしょうが、違う表現
をすると、Ｊ社のブランドオニオンの主要な部分がＡさんの認知システ
ム（特に長期記憶）に移転されたと考えられます。Ａさんは、Ｊ社におけ
る日常的な業務の中、更にはＡさんが比較的Ｊ社の企業ブランドに共鳴
をしていると仮定すると、業務活動外で友人との会話の中で、Ｊ社のブラ
ンドについて話をしたり、或いはそれに準拠した行動をとること（つまり、
ブランド具現化行動）によって、その対象者であるターゲットオーディエ
ンスの記憶の中に、Ｊ社の企業ブランドのブランドエクイティが（おそら
く）ゆっくりと形作られていくでしょう。これがＪ社の企業ブランドにお
けるＡさんの役割であり、ターゲットオーディエンスから見ると、あた
かもＡさんはＪ社のブランドの一部に見えるかもしれません。これが企
業ブランドはある意味で、企業ブランドを用いた従業員のブランド化であ
るという意味です。

　一方、パーソナルキャリアブランドの方は、Ａさんの頭の中で自分自身
のライフストーリー等に基づき（様々な資料作りやツールを使用して）、
自分自身のパーソナルキャリアブランドを作り上げます。これがＡさん
自身の価値システムに影響をしたり、態度を形成したりして、その結果、

自分の作成したパーソナルキャリアブランドを具現化する行動をとるように
なると仮定できます。これは自分自身の SNS の活動における発言や、
アップする写真のクリエイティブの方針に反映したり、友人との集まりで
の態度や会話等で、さりげなく（？）自身のパーソナルキャリアブランド
の中味を発信したり、そのパーソナリティに沿って振る舞ったりすること
（ブランド具現化行動）で、その相手に A さんのパーソナルキャリアブラ
ンドのブランドエクイティを構築するようになるでしょう。また、A さん
が J 社の社員であるとは知らない人は除いて、大なり小なり、A さんの
振る舞いや発言の端々に J 社の企業ブランドの影響が出ることも考えら
れますので、ターゲットオーディエンスの記憶システムには、J 社のブラ
ンドエクイティと A さんのパーソナルキャリアブランドが混在して存在
するようになるでしょう。その割合は、A さんとターゲットオーディエン
ス（一人かもしれませんが）との関係性が大きく影響するでしょう。

　以上のように企業内ブランディングが、企業内で A さんが J 社企業ブ
ランドによる自分自身のブランド化を行っていることと、A さんが自分自
身の中で作り上げたブランドによる自分自身のブランド化を行っているこ
とは、最終的に外部者に対して同様なブランド化による効果、つまり自分
自身のブランドエクイティの構築を生み出すことになります。そこで本書
のテーマとも関係が深いエリアですので、最後に簡潔に企業内ブランディ
ングについて解説をしたいと思います。

企業内ブランディング

　企業内ブランディングとは、企業が従業員に対して企業ブランドを教
育 / 訓練することを通して、従業員が企業ブランドを理解 / 共感してポジ
ティブな態度を形成して、最終的には自ら進んで企業ブランドを具現化す
る行動をとるようにする過程をいいます。こうした点で、企業内ブラン
ディングも人をブランド化する活動であると捉えることができますが、既

述のようにパーソナルブランディングにおいては、ブランド化する中味はその個人が開発するのに対して、企業内ブランディングでは企業ブランドによって個人をブランド化する、と考えられます。企業内ブランディングの主な目的は、その従業員が自律的に自社ブランドを体現するようになることです。特に、これはサービス業における企業のブランドについては非常に重要な要素です。それは一般的に、企業ブランドは顧客、資金拠出者等のステークホルダーへの約束という一面をもっているからです。その約束がサービスデリバリーの現場で履行されない場合には、ステークホルダーの中に大きな不満足を作ってしまいます。顧客満足は提供するサービスについての絶対的な評価というよりも、顧客が持つ期待に対する実際のサービスデリバリーとのギャップの程度によって決まることだからです。それでは完璧なサービスデリバリーのマニュアルを作成すればよいかというと、人と人との関係性で、その場で生産／消費されるという特性を持つサービスについて全てを文章化することは困難なうえに、約束を履行することの意味合いや価値を心底理解していなければ、マニュアルを履行すること自体も不完全となる可能性があります。そこで、従業員に対して企業ブランドの理解と共感を通して多面的な態度を形成し、各自がブランド実現行動を自主的にとるようになるブランディング活動が重要な意味合いを持つわけです。

　企業内ブランディングのプロセスを示しているのが、図表14です。企業内ブランディングの成否を決定するのが、図表14を覆っている「企業内支援環境」です。企業内ブランディングは日常的な業務の延長線上にあるわけではなく、企業内に新たな体制を設定して中長期的に実施する必要があります。そのためには企業内にその実施をサポートする強力な体制が必要で、それが「企業内支援環境」です。主な項目を挙げると、経営理念や企業理念等が確立していること、企業内ブランディングを企業に導入するための大義名分があること、トップのコミットメントがあること、企業

戦略に組み込まれて予算が配賦されること、企業内と企業外ブランディングが連携していること、そして効果測定と改善を実施することの６点です。実質的に持続的な経営トップのコミットメント、予算と内部体制（組織）が非常に重要な成功要因といえるでしょう。

　企業内支援環境が整ったら、企業内ブランディング活動を開始します。その中身は、図表14にあるように全社員を対象とした企業ブランドの意味合いや内容に関するワークショップ、各自がワークショップを終了して職場に帰った後の継続活動を支援する体制、企業内ブランディングの進捗や内容についての定期的で継続する社内コミュニケーションそして下支えするHRMの施策です。

　これらの活動の結果として、図表14の「態度形成（気構え）」で示したように、自社の企業ブランドに対する従業員一人一人の態度が変化したり形成されたりします。多くの組織では、企業ブランドについて積極的に理解している人は３割程度と言われていますので、殆どの従業員にとって新鮮な経験となるでしょう。その効果は、主に企業ブランドの重要性を理解すること、自社の企業ブランドについての体系的な理解、自分自身の行動が企業ブランドに影響を及ぼすこと等を理解し、自社企業ブランドと自分自身のアイデンティティとの間に一体感が生まれ、自社ブランドに対して情緒的また論理的に愛着が生まれ始めます。

　そして最終的に、図表14に「ブランド実現行動」として示したように、

図表14　企業内ブランディング

「企業内ブランディング」、伊藤裕一著、産業能率大学出版部刊、2022年、図表2-1を一部簡略化して転載

従業員一人一人が各自の職場で企業ブランドを具現化する行動をとるようになると仮定されます。すなわち、企業ブランドのルールブックを厳守し、自社企業ブランドについて支援するような行動や発言を自主的にとるようになり、また、顧客と一緒にブランドを共創するような行動をとるようになることが期待されます。以上が企業内ブランディングの全体のプロセスです。

やや駆け足で説明をしましたが、企業内ブランディング（インターナル・ブランディング）は、パーソナルブランディング、エンプロイヤーブランディングと並んで、人に関するブランディングとして将来も有望な研究分野として考えられています。

ブランド研究の未来

ここで、ブランドの歴史の視点に戻ると、Oh et al. (2020) は、彼らのエッセイの結びとして、先進のテクノロジーの影響を受けることで、ブランドの役割と影響は劇的に変化するだろうと予測しています。そして、個人レベルにおけるマスデータ収集と分析がもたらす、消費者のプライバシーと公平さにおけるブランドの役割についての懸念を示しています。また、複雑で自動化されたブランドコミュニケーションプロセスにおいて、ブランドのカスタマージャーニーへの影響についてより実証的なラーニングを得られるだろうという予測を示してエッセイを締めくくっています。

以上、少々駆け足でしたが、約半世紀に及ぶブランド研究の過去から現在までの流れ、そして未来への見解について、第1章に関連するブランディングの考え方やコンセプト、そして伝統的なブランディングの対象を超える対象として、プレイスブランディングと企業内ブランディングにフォーカスしてレビューを行いました。

Aaker, D., Aaker, J. L. (2016), What Are Your Signature Stories ?, *California Management Review* Vol. 58, No. 3, Spring, 2016, pp. 49-65

Adler, A. (1956), *The individual psychology of Alfred Adler,* New York, N. Y. : Basic Books

AMA（アメリカマーケティング協会）(2023)
https://www.ama.org/topics/branding/

Anderson, E. C. (2004), *Strengths Quest: Curriculum outline and learning activities.* Princeton, NJ: Gallup Organization

Andrews, R. K. (1980), *The Concept of Corporate Strategy* (Rev. ed.), Richard D. Irwin

Anholt, S. (2002), "Forward", *Journal of Place Branding & Public Diplomacy,* Vol. 1-2, 128

Avery, J., & Greenwald, R. (2023), A New Approach to Building Your Personal Brand, *Harvard Business Review*, May-June, 2023, pp. 147-151

Bettman, J. R. (1971), The Structure of Consumer Choice Process, *Journal of Marketing Research* Vol. VIII, pp. 465-471

Brooks, A. K., & Anumudu, C. (2016), Identity development in personal branding instruction, *Adult Learning* 27, pp. 23–29

Brisoux, J. E., Chéron, E. J. (1990), Brand Categorization and Product Involvement, *Advances in Consumer Research* Vol. 17 Issue 1, pp. 101-109

Cederberg, C. D. (2017), Personal branding for psychologists: Ethically navigating an emerging vocational trend, *Professional Psychology: Research and Practice*, 48(3), pp. 183–190

Chritton, S. (2012), *Personal branding for dummies,* Hoboken, NJ: John Wiley & Sons

Clark, D. (2011), Reinventing your personal brand. *Harvard Business Review*, 89(3), pp. 78-81

Crainer, S. (1995), *The real power of brands: making brands work for competitive advantage,* London:April, pp. 33-39

de Chernatony, L., & Riley, F. D. (1998), Defining a 'brand': beyond the literature with experts' interpretation, *Journal of Marketing Management,* 14(4/5), pp. 417-443

de Chernatony, L. (1993), Categorizing brands: evolutionary processes underpinned by two key dimensions, *Journal of Marketing Management,* 5(2), pp. 173-188

Denning, S. (2006), Effective Storytelling: Strategic Business Narrative Techniques, *Strate-*

209

gy & Leadership Vol. 34 No. 1, pp. 42-48

Dinnie, K. (2008), *National Branding* 1st ed., Elsvier Butterworth Heinemann, 2008

Elwell, J. S. (2014), The transmediated self: Life between the digital and the analog, *Convergence* 20, pp. 233–249

Erikson, E. H. (1963), *Childhood and society* (2nd Ed.), New York: Norton.

Fishbein, M. A. (1975), *Belief, Attitude, Intention, and Behavior: An Introduction Theory and Research,* (Reading, Mass: Addison-Wesley, 1975)

Gander, M. (2014), Managing your personal brand, *Perspectives: Policy and Pracitce in Higher Education* 18, pp. 99–102

Gardner, B. B., & Levy, S. J. (1955), The product and the brand, *Harvard Business Review,* 33(March-April), pp. 33-39

Gioia, D. A., Hamilton, A. L., & Patvardhan, S. D. (2014), Image is everything, *Research in Organizational Behavior* 34, pp. 129–154.

Goldberg, L. R. (1990), An alternative 'description of personality': The Big-Five factor structure, *Journal of Personality and Social Psychology,* 59, pp. 1216-1229

Gorbatov, S., Svetlana, N. K., Oostrom, J. K., Lysov, E. I. (2020), Personal brand equity: Scale development and validation, *Personnel Psychology.* pp. 1–38.

Gorbatov S., Khapova S. N., & Lysova E. I. (2018), Personal Branding: Interdisciplinary Systematic Review and Research Agenda, *Frontiers in Psychology* November 2018, pp. 1-17

Gosling, S. D., Renfrow, P. J., & Swann Jr., W. B. (2003), A very brief measure of the Big-Five personality domains, *Journal of Research in Personality* 37 , pp. 504–528

Hoeffler, S., & Keller, K. L. (2003), The marketing advantages of strong brands, *Journal of Brand Management,* 10(6), pp. 421–445

Howard, J. A. (1989), *Consumer Behavior in Marketing Strategy,* Englewood Cliffs, NJ.: Prentice Hall.

Howard, J. A., & Sheth, J. N. (1969) *The Theory of Buyer Behavior,* John Wiley & Sons

Ibarra, H. (1999), Provisional selves: Experimenting with image and identity in professional adaptation, *Administrative Science Quarterly, 44,* pp. 764-791

Jones B., & Leverenz, C. (2017), Building Personal Brands with Digital Storytelling ePortfolios, *International Journal of ePortfolio ,* Volume 7, Number 1, pp. 67-91

Kapferer, J. N. (2008), *Strategic brand management* (4th ed.), London: Kogan Page.

Keller, K. L. (2008), *Strategic Brand Strategy*(3rd ed.), Upper Saddle River: Pearson Prentice Hall

Keller, K. L. (2006), *Branding and brand equity*. In: Weitz, B. and Wensley, R., Handbook of marketing, London: Sage

Keller, K. L. (1993), Conceptualizing, measuring, and managing customer-based brand equity, *Journal of Marketing*, 57(1), pp. 1–22

Kent, M. L. (2015), The power of storytelling in public relations: Introducing the 20 master plots, *Public Relations Review 41*, pp. 480–489

Khamis, S., Ang, L., & Welling, R. (2017), Self-branding, 'micro-celebrity' and the rise of Social Media Influencers, *Celebrity Studies* 8, pp. 191–208

Khedher, M. (2015), A brand for everyone: guidelines for personal brand managing, *Journal of Global Business Issues* 9, pp. 19–27

Korzh. A., Estima, A. (2022), The Power of Storytelling as a Marketing Tool in Personal Branding, *International Journal of Business Innovation* 1(2), pp. 1-15

Kotler, P. (2004), Opinion Pieces "Where is place branding heading?", *Journal of Place Branding & Public Diplomacy*, Vol. 1-1, pp. 12-35

Kotler, P., Gerrtner, D. (2002), Country as brand, product, and beyond: A place marketing and brand management perspective, *Journal of Brand Management*, Vol. 9, No. 4/5, pp. 249-261

Kotler, P., Haider D. H., & Rein, I. (1998), *Marketing Places*, The Free Press

Labrecque, L. I., Markos, E., & Milne, G. R. (2011), Online Personal Branding: Processes, Challenges, and Implications, *Journal of Interactive Marketing*, 25(1), pp. 37-50

Lunardo, R., Gergaud, O., & Livat, F. (2015), Celebrities as human brands: an investigation of the effects of personality and time on celebrities' appeal, *Journal of Market. Management* 31, pp. 685–712

Lund, N. F., Cohen, S. A., & Scarles, C. (2018), The power of social media storytelling in destination branding, *Journal of Destination Marketing and Management*, 8(May), pp. 271–280

McAdams, D. P., & McLean, K. C. (2013), Narrative Identity, *Current Directions in Psychological Science* 22(3), pp. 233-238

Morgan, N. & Pritchard, A. (2004), *Meeting the destination branding challenge*. In Morgan, N. Prichard, N. & Pride, R. (eds.), Destination Branding 2nd ed., Elsevier Butterworth Henemann, 2004, pp. 59-78

Motion, J., (1999), Personal Public Relations: Identity as a Public Relations Commodity,

Public Relations Review, 25, 4, pp. 465-479

Mucundorfeanu, M., (2018), The Key Role of Storytelling in the Branding Process, *Journal of Media Research* Vol. 11 issue 1(30), pp. 42-54

Newell, A., Shaw, J. C., & Simon, H. A. (1958), Elements of a Theory of Human Problem Solving, *Psychological Review,* Vol. 65, May, pp. 161-166

Oh, T. T., Keller, K. L., Neslin, S. A., Reibstein, D. J., Lehmann, D. R. (2020), The past, present, and future of brand research, *Marketing Letters,* Vol. 31, pp. 151-162

Papadopoulos, N., & Heslop, N. (2002), Country equity and country branding, : Problems and prospects, *Journal of Brand Management,* Vol. 9, No. 4-5, pp. 294-314

Parmentier, M. -A. S., Fischer, E., & Reuber, A. R. (2013), Positioning person brands in established organizational fields. *Journal of the Academy of Marketing Science.* 41, pp. 373–387

Parmentier, M. -A. S., & Fischer, E. (2012), How athletes build their brands, *International Journal of Sport Management and Marketing,* 11, pp. 106-124

Pearson, H. (1975), Self-identification of talents: First step to finding career directions, *The Vocational Guidance Quarterly,* 24, pp. 20-26

Peters, Tom (1997), "The Brand Called You, " *Fast Company,* 10, pp. 83-90

Petty, R. E. & Cacioppo, J. T., (1986), *Communication and Persuasion: Central and Peripheral Routes to Attitude Change,* New York: Springer-Verlag.

Rein, I., Kotler, P., Hamlin, M., & Stoller, M. (2005), *High Visibility: Transforming Your Personal and Professional Brand,* McGraw-Hill

Riley F. D. (2016), *Brand definitions and conceptualizations.* In Riley, F. D., Singh, J. and Blankson, C (Ed.) The Routledge Companion to Contemporary Brand Management, London And New York:Routledge

Roberts, L. M., Spreitzer, G., Dutton, J., Quinn, R., Heaphy, E., & Barker, B. (2005), How to play to your strengths, *Harvard Business Review,* 83, pp. 74-80

Ryan, M. J., & Bonfield, E. H. (1975), The Fishbein Extended Model and Consumer Behavior, *Journal of Consumer Research* Vol 2 Issue 2, pp. 118-136

Savickas, M. (1989), Career-style *Assessment and Counseling.* In T. Sweeney (Ed.), Adlerian counseling: A practical approach for a new decade, pp. 289-320

Scheidt, S., Gelhard, C., & Henseler, J. (2020), Old Practice, but Young Research Field: A Systematic Bibliographic Review of Personal Branding, *Frontiers in Psychology,* August, 2020, Volume 11, Article 1809

Shepherd, I., (2005), From Cattle and Coke to Charlie: Meeting the Challenge of Self Marketing and Personal Branding, *Journal of Marketing Management,* 21(5/6), pp. 589-606

Smith, K., & Wintrob, M. (2013), Brand Storytelling: A Framework for Activation, *DMI
Review* Vol. 24, Issue 1 Spring 2013, pp. 36-41

Solove, J. (2008), *The future of reputation: Gossip, rumor, and privacy on the internet.*
New Haven, CT: Yale University Press.

Thomson, M. (2006), Human brands: investigating antecedents to consumers' strong
attachments to celebrities, *Journal of Marketing* 70, pp. 104–119

Watkins, C., & Savickas, M. (1990), *Psychodynamic career counseling.* In W. Walsh & S.
Osipow (Ed.), Career topics: Contemporary topics in vocational psychology, pp. 79-
116, Hillsdale, NJ: Erlbaum

Widdershoven, G. (1993), The story of life: Therapeutic perspectives on the relationship
between narrative and life history. In R. Josselson & A. Lieblich (Eds.), *The narrative study of lives* (Vol. 1, pp. 1-20). Newbury Park, CA:Sage

Woodside, A. G., Sood, S., Miller, K. E. (2008), When consumers and brands talk: Storytelling Theory and Research in *Psychology and Marketing,* Psychology and Marketing
Vol. 25, Issue 2, pp. 97-145

参考／引用文献

和文表示（苗字アイウエオ順）、文中は苗字（年号）で表示。注：本文中で引用／参考の URL を表示している場合は、ここには再掲をしておりません。

デービッド・アーカー（著）阿久津聡（訳）（2019）ストーリーで伝えるブランド　ダイヤモンド社

デービッド・A・アーカー（著）阿久津聡（監訳）電通ブランド・クリエーション・センター（訳）（2011）カテゴリー・イノベーション　日本経済新聞社

デービッド・A・アーカー（著）阿久津聡（訳）（2005）ブランド・ポートフォリオ戦略　ダイヤモンド社

デービッド・A・アーカー（著）陶山計介／小林哲／梅本春夫／石垣智徳（訳）（1997）ブランド優位の戦略　ダイヤモンド社

伊藤裕一（著）（2022）企業内ブランディング　産業能率大学出版部

伊藤裕一（著）（2008）ブランドマネジメント能力　日本能率協会マネジメントセンター

大久保孝治（著）（2009）ライフストーリー分析－質的調査入門　株式会社学文社

河合隼雄（著）（2017）無意識の構造（改版）中公新書 481

ケビン・レーン・ケラー（著）恩蔵直人／亀井昭宏（訳）（2000）戦略的ブランド・マネジメント　株式会社東急エージェンシー

ラリー・コクラン（著）宮城まり子／松野義夫（訳）（2016）ナラティブ・キャリアカウンセリング　生産性出版

小塩真司、阿部晋吾、カトローニ・ピノ（2012）日本語版 Ten Item Personality Inventory（TIPI-J）作成の試み　パーソナリティ研究 2012 第 21 巻第 1 号、pp. 40-52

フィリップ・コトラー／ケビン・レーン・ケラー（著）恩蔵直人（監修）月谷真紀（訳）（2008）コトラー＆ケラーのマーケティング・マネジメント　（第 12 版）株式会社ピアソン・エデュケーション

マーク・L・サビカス（著）日本キャリア開発研究センター（監訳）乙須敏紀（訳）（2015）福村出版株式会社

清水聰（著）（2006）戦略的消費者行動論　千倉書房

清水聰（著）（2002）消費者の意思決定プロセスとマーケティング戦略　一橋ビジネスレビュー 2002 年冬、50 巻 3 号、pp. 18-31

エドガー・H・シャイン（著）金井壽宏（訳）（2003）キャリア・アンカー　白桃書房

エイミー・ジョーンズ（著）駒田曜（訳）（2022）物語のつむぎ方入門　株式会社創元社

高橋郁夫（1996）、通信販売と消費者購買意思決定プロセス、三田商学研究、第 39 巻第 5 号 ,pp.9-24

野口裕二（編）（2018）ナラティブ・アプローチ　株式会社勁草書房

シド・フィールド（著）安藤紘平 / 加藤正人 / 小林美也子 / 山本俊克（訳）（2009）映画を書くためにあなたがしなくてはならないこと　株式会社フィルムアート社

マーガレット・マーク / キャロル・S.・ピアソン（著）千葉敏生（訳）（2020）ブランド・アーキタイプ戦略　実務教育出版

やまだようこ（著）（2021）ナラティヴ研究　株式会社新曜社

ブライアン・R・リトル（著）児島修（訳）（2016）自分の価値を最大にするハーバードの心理学講義　大和書房

渡辺直登（著）（2015）コンピテンシーと職務遂行能力、日本労働研究雑誌 657, pp. 44-45

渡辺三枝子（編著）（2018）新版キャリアの心理学〔第 2 版〕第 2 章 -3　株式会社ナカニシヤ出版

◆著者紹介欄 ◆

伊藤　裕一

（一般社団法人）フォワード・ルッキング代表理事

外資系企業のマーケティング部長、事業部長、代表取締役社長等を歴任後、私立大学の学部でマーケティング研究室教授、マネージメントトレーニング会社の代表取締役社長を歴任した。慶應義塾大学社会学修士（組織心理学）、カリフォルニア州立大学フラトン校 MBA。

協力：（一般社団法人）フォワード・ルッキング

社会人のキャリア開発や能力開発を支援することを通して社会人のウェルビーイングを促進し、また、これを支援する企業へのコンサルティング活動等を通して社会貢献を行うことを目的とする組織です。

主催するイベントやセミナー等については：

https://www.facebook.com/forwardlooking.assoc

をご覧下さい。

ブランディングでキャリアアップ！

パーソナルキャリアブランディングの考え方・作り方 〈検印廃止〉

著　者	伊藤 裕一
発行者	坂本 清隆
発行所	産業能率大学出版部
	東京都世田谷区等々力 6-39-15　〒 158-8630
	（電話）03（6432）2536
	（FAX）03（6432）2537
	（URL）https://www.sannopub.co.jp/
	（振替口座）00100-2-112912

2024 年 3 月 25 日　初版 1 刷発行

印刷・製本／渡辺印刷

（落丁・乱丁はお取り替えいたします）　　　　　　ISBN978-4-382-15848-1
無断転載禁止